# Abenteuer in der Natur

## Spiel- und Bastelideen für Kinder

# INHALT

**Einleitung: Die Natur erfahren** .................................................... 4
Im Regen unterwegs ............................................................................ 8
In der Stille der Nacht ....................................................................... 10

**Waldwelten** ............................................................................... 14
Typische Tiere & Pflanzen im Wald ................................................ 18
Windspiel & Waldmobile ................................................................. 20
Bilder aus dem Blätterwald ............................................................. 22
Zapfenzielwerfen .............................................................................. 24
Rubbelbilder ...................................................................................... 26
Heckenpunsch ................................................................................... 28
Rinden fühlen ................................................................................... 30
Waldblindschleiche .......................................................................... 32
Gruppenspiele im Wald ................................................................... 34

**Rund ums Wasser** ................................................................... 38
Tiere & Pflanzen im und am Wasser .............................................. 42
Flussmurmelbahn .............................................................................. 44
Kieselsteinbogen ............................................................................... 46
Kinderfloß .......................................................................................... 48
Farbkreis & Mandala ........................................................................ 50
Leben unterm Eis .............................................................................. 52
Gruppenspiele am Wasser ............................................................... 54

**Wiesenwelten** .................................................................. **58**
Typische Tiere & Pflanzen der Wiese ............................. 62
Farbstoffe herstellen ............................................................ 64
Holunderpfeife ....................................................................... 66
Nachtschwärmer unterwegs ............................................. 68
Tierfährten legen .................................................................. 70
Gruppenspiele auf der Wiese ........................................... 72

**Im Garten** ........................................................................ **76**
Typische Tiere & Pflanzen im Garten ............................. 80
Insektenhotel ......................................................................... 82
Schnuppertour ...................................................................... 84
Das Leben im Gartenteich ................................................. 86
Schneckenrennen ................................................................ 88
Nachts an der Feuerstelle .................................................. 90
Gruppenspiele im Garten .................................................. 92

Register ..................................................................... 94
Impressum ................................................................ 96

Einleitung

# DIE NATUR ERFAHREN

**Raus aus dem Haus, rein in die Natur: Gehen Sie mit Ihren Kindern auf Entdeckungsreise nach draußen. Sie werden dort schöne und aufregende Erfahrungen machen und Begegnungen haben, an die Sie sich gern erinnern werden.**

## UNTERWEGS IN WALD UND FELD, AM WASSER UND IM GARTEN

Wer dem Motto »Raus aus dem Haus!« folgt, kann vor Ort die Natur mit ihren zahlreichen Facetten entdecken. Und er kann sich selbst und die Familie mal ganz anders als im Alltag daheim erleben: An- und aufregende Abenteuer, konzentrierte Beobachtungen, Orte, an denen man innere Einkehr halten kann oder die die Fantasie beflügeln – all diese Möglichkeiten, die unser Leben auf vielfältige Weise bereichern, hält die Natur für uns bereit. Wie Sie diese Möglichkeiten nutzen können und wie Sie den Aufenthalt in der »wilden Welt«, die uns (fast) überall umgibt, sinnvoll gestalten können – dazu möchte dieses Buch vielerlei Anregungen geben. Möglich ist das Naturerleben schon mit ganz einfachen Dingen: Das Gehen auf unebenem Waldboden schult und stärkt nicht nur bei kleinen Kindern Gleichgewichtssinn und Bewegungsapparat. Bauen und Basteln erwei-

Abenteuer kann man überall finden – manchmal muss man gar nicht erst lange auf die Suche gehen.

tern die haptischen Fähigkeiten, das kreative Gestalten stärkt das Selbstbewusstsein der kleinen und großen Baumeister. Das Erkunden der Umgebung fördert den Orientierungssinn. Das Beobachten von Tieren schärft den Blick, unterstützt auch die übrigen Sinne und steigert die Konzentrationsfähigkeit. Wer selbst aktiv Experimente durchführt, vertieft sein Verständnis für die Zusammenhänge und lernt nachhaltig. Stille Orte regen die Fantasie an und laden zum Träumen ein. Spiele im Freien kommen dem natürlichen Bewegungsdrang der Kinder entgegen, bringen auch Erwachsene in Schwung und lassen sie die Lust am Herumtoben wiederentdecken. Allein der Aufenthalt im Freien regt gleich mehrere unserer Sinne an: Da rauscht der Bach, während eine frische Brise durch unsere Haare weht; wer aufpasst, hört das Rascheln der Maus im Unterholz. Und wer schon einmal eine frisch gepflückte Beere gekostet oder an einer Wiesenblume geschnuppert hat, der weiß, dass sich auch Geschmacks- und Geruchssinn im Freien am besten entwickeln können. Werden diese Eindrücke aus der Natur durch gezieltes Bauen, Basteln, Forschen, Erkunden und Experimentieren vertieft, so ist nachhaltiges Lernen möglich, und unsere Sinne werden geschärft. Wie viel langweiliger und eintöniger ist dagegen die Beschäftigung mit Computer, Fernseher und Spielkonsole!

**ABWECHSLUNGSREICHE NATURRÄUME**
Im Zentrum dieses Buches stehen vor allem Vor- und Grundschulkinder, die in Begleitung von erwachsenen Familienmitgliedern oder Betreuern auf Entdeckungsreise in die Natur gehen. Jüngere Kinder brauchen ggf. ein wenig

Beim Herumtoben gibt's manchmal kleine Unfälle – da helfen ein Erste-Hilfe-Set und Notfallnummern!

mehr Unterstützung als bereits größere oder handwerklich geschicktere. Die einzelnen Kapitel sind auf die Naturräume Wald, Wiese, Wasser und Garten ausgerichtet. Diese Ökosysteme kann man bei der Freizeitplanung gezielt ansteuern und die Unternehmungen vorbereiten und planen. Je nachdem, in welcher Entfernung Wald-, Wiesen- und Wasserwelten zu finden sind, können Sie sich dann – ganz nach Ihren persönlichen Vorlieben – die unterschiedlichen Ziele vornehmen. Die meisten Spiele, Experimente und Bauanleitungen können allerdings, unabhängig von den Naturräumen, denen sie im Buch zugeordnet sind, auch anderswo, etwa in Park, Garten, einige sogar auf dem Balkon, umgesetzt werden. Manche Unternehmungen eignen sich auch für schlechtes Wetter, für andere ist die Zeit nach Sonnenuntergang geeignet. Am Ende jeden Kapitels finden Sie jeweils Vorschläge für Unternehmungen mit größeren Gruppen. Wenn Sie also beispielsweise anlässlich eines Kindergeburtstags ein Fest im Grünen feiern wollen oder mit einer Schulklasse unterwegs sind, und viele junge Teilnehmer sinnvoll beschäftigt werden und ihren Spaß haben sollen.

**FREIZEIT SINNVOLL NUTZEN**
Für einen anregenden Aufenthalt in der Natur ist ausreichend Zeit notwendig. Deshalb müssen Sie aber kein schlechtes Gewissen haben, wenn Sie in Ihrem Alltag neben Beruf und Haushalt nur ein kleines Zeitfenster für solche Naturerlebnisse erübrigen können. Oft helfen schon kleine, wenig spektakuläre Aktionen, um aus dem oft hektischen Alltag aufzutauchen; auch mit ihrer Hilfe bietet sich die Gelegenheit, Erlebnisse intensiv zu genießen und nachhaltig zu verarbeiten. Im Zusammenleben in der Familie ist aktive Gelassenheit und Zeit zum Miteinander ein oft rares Gut. Innere Ruhe ist aber eine wesentliche Voraussetzung, wenn man wahrnehmen will, was einen umgibt – egal, ob es sich um Natur oder andere Menschen handelt. Zu hohe Leistungsanforderungen sind in diesem Miteinander eher ein Hemmschuh! Also: Keine übersteigerten Anforderungen an die handwerklichen Fähigkeiten, kein Anspruch an ein durchgestyltes Unterhaltungsprogramm mit Dauerbespaßung und keine Erwartung, dass die Kinder allzeit fröhlich und geduldig sind und dass sie sich immer ohne Murren auf gemeinsame Naturerlebnisse einlassen wollen! Sich weniger vorzunehmen und die

## WOZU HABEN SIE UND IHRE KINDER LUST?

Strotzen alle vor Energie und wollen sich mal richtig austoben? Dann empfehlen wir Ihnen eine Unternehmung aus dem Bereich **Spielen & Bewegen**.

Freuen sich die Kinder, wenn sie selbst etwas bauen können? Sind sie heute so »drauf«, dass sie etwas Geduld und Konzentrationsvermögen mitbringen? Dann sollten Sie in der Kategorie **Bauen & Basteln** aktiv werden.

Haben Ihre Kinder Lust, mehr über den Naturraum zu erfahren, zu entdecken, welche Tiere und Pflanzen hier leben, ohne dass gleich der didaktische Zeigefinger erhoben wird? Mit den praktischen Erfahrungen aus dem Bereich **Wissen & Erkunden** macht das Lernen Spaß.

Sind Sie mit kleinen Naturforschern unterwegs, die mit Elan die Wunder der Natur ergründen wollen? Dann sollten Sie Unternehmungen aus dem Bereich **Experimentieren & Erkennen** wählen.

»Leistungserwartungen« herunterzuschrauben, erlaubt ein intensiveres Erleben und nachhaltiges Erfahren. Eine kleine Hilfestellung: Am Anfang jedes Kapitels stellt eine Sonderseite einige der wichtigsten Pflanzen und Tiere vor, denen Sie im jeweiligen Ökosystem begegnen können.

# Einleitung

Dank der Hintergrundinformationen können Sie zumindest einen Teil der ganz sicher aufkommenden Fragen beantworten. Die meisten Anregungen sind für einen eher kurzen Aufenthalt in der Natur gedacht. Viele Aktivitäten können Sie und Ihre Kinder aber auch über eine längere Zeit »im Freien«, wie beispielsweise auf naturnahen Zelt- oder Lagerplätzen, im Urlaub auf dem Bauernhof oder in der Ferienwohnung in naturnaher Umgebung begleiten. Auch der Besuch eines Wildparks oder Naturerlebniszentrums kann so bereichert werden. Sie können die dort oftmals didaktisch hervorragend umgesetzten Informationen durch einfache Anregungen ergänzen, und damit im Alltag der Kinder verankern.

## SPIELEN BRAUCHT FREIRÄUME

Planen Sie den Aufenthalt in der schönen »wilden Welt« bitte nur in Grundzügen. So bleibt genug Raum, um eigene Ideen zu entwickeln, und es besteht die Gelegenheit, sich von der Natur inspirieren zu lassen. Bereiten Sie immer nur ein oder zwei Spiele oder Bauprojekte konkret vor. Als Hilfestellung finden Sie dazu jeweils eine Materialliste, auf der vermerkt ist, was Sie für Ihre Unternehmungen in die Natur mitnehmen sollten, mit auf den Weg. Der Rest ergibt und entwickelt sich durch die gemeinsamen Interaktionen der Familienmitglieder und die Anregungen aus der Natur. Die Lust kommt beim Tun! Weitere Spiele oder Bastelarbeiten können Sie vorab durchdenken und gegebenenfalls notwendige Materialien oder Werkzeuge auf Vorrat mitnehmen. Bleiben Sie immer flexibel, seien Sie nicht zu ergebnisorientiert. Für Ausflüge mit größeren Gruppen sollten Sie auf jeden Fall ausreichend Bau- und Bastelmaterial für die höhere Anzahl von Kin-

Die Natur kann zu vielem dienen – unter anderem auch als Kleiderkammer.

dern vorbereiten. Die Enttäuschung ist groß und die Voraussetzungen schlecht, wenn ein »Mitspieler« leer ausgeht oder sich zwei Kinder das Material teilen müssen.

**NATURERLEBNISSE ZU JEDER ZEIT**

Unterschiede, die sich durch Jahreszeit oder das jeweilige Wetter ergeben, liegen buchstäblich in der Natur der Sache: Im Winter oder bei Starkregen finden sich nur wenige Insekten und Schmetterlinge auf einer Wiese, und Mandalas bei Hagel zu legen ist auch nicht jedermanns Sache. Im Sommer, bei strahlendem Sonnenschein geht vieles, was im Winter oder bei »Matschwetter« nicht möglich ist oder zumindest weniger Freude bereitet. Allerdings sollten Sie sich durch das Wetter nie von Unternehmungen in der Natur abhalten lassen, denn es wird erst durch die falsche Kleidung oder ungeeignete Betätigung im Freien wirklich schlecht! Selbst bei Frost, Schnee und Regen gibt es vieles zu entdecken. Entscheidend ist es, die eigenen Wünsche und die entsprechende Kleidung auch an den örtlichen Gegebenheiten und dem herrschenden Wetter auszurichten. Neben den Jahreszeiten bieten uns die unterschiedlichen Tageszeiten eine Vielfalt von Möglichkeiten. Bei aufgehender Sonne verhalten sich viele Tiere anders als während des restlichen Tages. Vogelgezwitscher ist am Morgen oft nicht nur intensiver, sondern wird dann noch nicht durch viele menschliche Aktivitäten übertönt. Einige Vogelarten beginnen ihren Balzgesang schon vor Sonnenaufgang. Abendliche Froschkonzerte tönen aufgrund der eingetretenen Stille viel intensiver. Fledermäuse werden mit Eintritt der Dämmerung aktiv, das Funkeln und Blitzen der Sterne sehen wir erst am nächtlichen Himmel.

## AUSRÜSTUNG

Wer in der Natur unterwegs ist, sollte Folgendes dabeihaben:

- kleiner Rucksack
- feste Wanderschuhe, bei Ausflügen ans Wasser oder bei Matschwetter auch Gummistiefel
- Pausenbrotbox für die Verpflegung und unzerbrechliche Trinkflasche, eventuell Thermoskanne
- Sitzunterlage
- Taschenmesser mit einer abgerundeten Spitze
- Becherlupe
- ein Stück Seil oder Schnur
- Taschenlampe
- Handy
- einige Pflaster
- kleine Plastiktüte
- ein Stück Draht

## IM REGEN UNTERWEGS

Will man bei Schmuddelwetter nach draußen, so ist es wichtig, dass die ganze Familie in die richtige Kleidung eingepackt wird: Mit nassen Füßen und durchgeweichter Kleidung macht

## Einleitung

das Draußensein keinen Spaß. Gummistiefel sowie regendichte Jacken, Handschuhe und Kopfbedeckungen gehören ebenso dazu wie eventuell eine Thermoskanne mit warmem Kakao oder heißem Früchtetee. Und man darf nicht mit der Erwartung rausgehen, dass alle mit »blütenweißer Weste« zurückkommen, aber schließlich gibt es ja eine Waschmaschine in (fast) jedem Haushalt. Doch wohin bei Regenwetter? Keiner hat Lust, sich bei Wolkenbrüchen auf einer ungeschützten Fläche aufzuhalten. Besser ist es, im Wald zu sein, wo die Bäume einen Teil des Wassers mit ihren Kronen auffangen. Schauen Sie mal genau hin, in welchen Bereichen sich das meiste oder das wenigste Wasser sammelt: Bei Buchen fließt das Wasser regelrecht am Stamm abwärts, bei Fichten oder Tannen tropft das Wasser von den äußeren Zweigenden nach unten. Und während draußen auf der Straße das Wasser schon oberflächlich zum nächsten Gully hin abfließt, ist im Wald gerade einmal die oberste Bodenschicht feucht geworden. Von Sturzbächen, wie sie innerhalb von Ortschaften in kürzester Zeit auftreten, ist im Wald noch nichts zu spüren – besser kann man die Wasserrückhaltefähigkeit von Wäldern und Natur, die anhand der immer häufiger auftretenden »Jahrhunderthochwasser« immer wichtiger wird, nicht demonstrieren. Meiden Sie auch im Wald Flächen, wo Heidelbeeren, Farne oder Sträucher knie- oder hüfthoch wachsen. Schnell wird die Kleidung pitschnass, wenn man daran entlangstreift, da helfen dann selbst Regenjacken und Gummischuhe nicht als Schutz gegen die Nässe. Herrschen kühle Temperaturen, so sollten Sie nicht auf Unternehmungen setzen, bei denen man längere Zeit stillstehen muss, dadurch wird einem schnell kalt. Besser ist es, auf kleinen Wanderungen und Spaziergängen, die den Kreislauf anregen, die Umgebung zu entdecken. Bei warmem Sommerwetter hingegen kann es ein riesiger Spaß sein, nur mit einer Badehose bewaffnet in den Garten zu gehen und sich vom Sommerregen berieseln zu lassen. Jetzt kann man für kurze Zeit herrlich im Matsch des Sandkastens spielen – allerdings nicht zu lange, denn auch bei warmer Luft kühlen kleine Kinder besonders an Armen und Beinen leicht aus.

Gummistiefel sind bei Matschwetter ein Muss für »Experimente« in der Pfütze.

Einleitung

## IN DER STILLE DER NACHT

Viele der vorgestellten Lebensräume üben in der Dämmerung oder nachts einen besonderen Reiz aus. In unseren Wohnungen oder in der Stadt erleben wir die Dunkelheit nicht so bewusst, instinktiv geht unsere Hand zum Lichtschalter oder die Straßenlaternen spenden Helligkeit. Außerhalb der »Zivilisation« brauchen unsere Augen eine gewisse Zeit, um sich an die Dunkelheit anzupassen. Mehr als sonst achten wir auf die Informationen, die wir über unsere Ohren erhalten. Fern der Geräusche, die innerhalb einer Stadt eigentlich immer zu hören sind, nehmen wir plötzlich im Wald oder auf der Wiese viel leisere und feinere Töne wahr. Töne, die wir oft nicht genau einordnen können und die Kindern manchmal auch unheimlich sein können. Haben Sie beispielsweise schon einmal erlebt, wie eine Eule auf leisen Schwingen an Ihnen vorbeigleitet und Sie – so meint man wenigstens – plötzlich ihre Rufe vernehmen? Regelrecht laut erscheint einem in der nächtlichen Stille das Rascheln einer Maus oder das Schnarchen eines Igels … Bleiben Sie ruhig zu Anfang Ihrer Nachtexkursion einmal stehen und lassen Sie die Geräusche der Nacht auf sich und Ihre Kinder wirken. Erklären Sie im Flüsterton, von wem die Töne wahrscheinlich stammen, dann verlieren sie ihren Schrecken. Für viele Kinder ist der nächtliche Aufenthalt im Wald eine regelrechte Mutprobe. Nehmen Sie aufkommende Ängste ernst, Grusel- und Gespenstergeschichten sollten nur erzählt werden, wenn alle Teilnehmer ihren Spaß daran haben. Nachts treten Tiere und Pflanzen in den Vordergrund, die wir tagsüber kaum wahrnehmen. Fantastisch ist es etwa zu verfolgen, wenn sich die bei Tag unscheinbaren Nachtkerzenblüten innerhalb weniger Minuten bei Sonnenuntergang öffnen. Sie verströmen einen betörenden Duft, der Nachtfalter anlockt. Der leuchtende Tanz der Glühwürmchen ist in dunklen Neumondnächten besonders beeindruckend. Manche Tiere nutzen den nächtlichen

Seltsame Schattenrisse lassen sich in der Nacht mit großen Blättern auf den Boden werfen.

Rückzug der Menschen in ihre Wohnungen, um nun das Terrain nach Nahrung zu durchsuchen. So erscheinen Igel und Kaninchen oftmals erst, wenn die Menschen beim Abendbrot sitzen. Die Sterne und erst recht der Mond lassen sich bei dunkler Nacht betrachten. Es ist spannend, die verschiedenen Sternzeichen am nächtlichen Himmel zu entdecken oder sich gemeinsam fantasievolle neue auszudenken. Auch die einzelnen Mondphasen lassen sich nachts besser bestimmen, und bei einem Blick nach oben werden Mondkrater am Schattenrand auch ohne Teleskop besonders deutlich. Erst recht beglückt uns eine Sternschnuppe, die wir am dunklen Himmel durch ihr kurzes Aufblitzen bemerken. Nächtliche Ausflüge sollten Sie am besten ein wenig vorbereiten. Will man etwa ein paar Stunden im dunklen Wald verbringen, so sollte man die Wegstrecke schon einmal am Tag erkundet haben. Wo liegen Äste auf dem Weg? Wo gibt es Löcher am Boden? Wo hängen die Zweige so tief, dass man sich an ihnen verletzen kann? All diese Fragen sollten bereits im Vorfeld geklärt werden. Sind mehr Kinder dabei als man Hände hat, so kann ein Seil hilfreich sein. An dem können sich alle festhalten, keiner kann unterwegs verloren gehen. Für den Notfall sollten Sie auch eine Taschenlampe im Rucksack oder in der Jackentasche haben, mit einem Handy kann bei Bedarf Verstärkung angefordert werden.

## MIT RESPEKT FÜR DIE NATUR

Mitteleuropa ist auch außerhalb von Städten und Ortschaften durch vielfältige Kulturlandschaften geprägt. Von Menschen unbeeinflusste Urwälder oder sich in ihrem ursprünglichen Bett in weiten Bögen bewegende Flussläufe sind sehr selten zu finden. In vielen Naturschutzgebieten ist der Zugang zu den Kernzonen beschränkt und es gelten besondere Verhaltensregeln. Diese sollten unbedingt beachtet werden, denn Naturerleben ist auch in der »gezähmten« Umwelt möglich. Aber auch wenn wir uns in der »zivilisierten« und nicht ausdrücklich geschützten Natur bewegen, sollten wir Tieren und Pflanzen mit dem nötigen Respekt begegnen und dies unseren Kindern praktisch vermitteln. Leben und leben lassen! Mitgebrachte Brotzeitverpackungen sowie anderen Abfall wieder einzupacken und daheim zu entsorgen, ist eine Selbstverständlichkeit – vielleicht kann man mit gutem Beispiel vorangehen und gelegentlich auch das »versehentlich« vergessene Bonbonpapier anderer mitnehmen. So können Kinder die einfachste Ebene des Umweltschutzes ohne schulmeisterlich erhobenen Zeigefinger erfahren. Und der erneute Besuch eines geliebten Ortes, an dem man keine menschlichen Überbleibsel und Müll vorfindet, ist für alle Beteiligten mit ungetrübter Freude verbunden.

# WALD

**Wer in den Wald geht, taucht in eine andere Welt ein: Mächtige Bäume umgeben uns, wir laufen über weichen, mit Laub übersäten Boden. Vögel zwitschern, es riecht nach frischem Grün, »Außengeräusche« dringen nur gedämpft zu uns. Diese neue Welt will entdeckt werden!**

# WALDWELTEN

Der Wald hat besonders im deutschsprachigen Kulturkreis eine hohe Bedeutung. In Mythen und Märchen war er schon immer der Ausgangspunkt für schaurig-schöne Geschichten und fabelhafte Gestalten.

*Beim Anblick dieser knorrigen alten Eiche kommen so manchem sagenhafte Gestalten wie Trolle in den Sinn.*

## VERLOCKEND UND INTERESSANT, NICHT MEHR FINSTER UND WILD

Eines gleich zu Anfang: Ein Wald ist viel mehr als nur eine Ansammlung von Bäumen. Die unterschiedlichsten anderen Pflanzen wie Sträucher, Stauden, Moose, Farne und Pilze und natürlich auch noch verschiedenste Tierarten sind Bestandteil eines jeden Waldes. Und erst die Verknüpfung der einzelnen Lebewesen des Waldes und ihre Beziehung zueinander machen aus ein paar Bäumen einen Wald. Unter diesem Gesichtspunkt bekommt der Satz, »... den Wald vor lauter Bäumen nicht mehr sehen ...« eine völlig neue Bedeutung.

### ABWECHSLUNGSREICH UND VIELFÄLTIG

»Den« Wald gibt es im Übrigen nicht, es gibt ihn in vielen verschiedenen Ausprägungen, je nachdem, an welchem Standort und in welchem Klima er wächst. Vom Laubwald, der vor

# Wald

Es gibt viel zu entdecken und zu bestaunen unter dem grünen Blätterdach des Waldes.

allem von Bäumen mit Blättern geprägt ist, über den von Koniferen beherrschten Nadelwald bis hin zum Auwald, der vor allem entlang von Flüssen vorkommt und in dem Gehölzen leben, die immer wieder mit Überschwemmungen zurechtkommen müssen, gibt es viele Spielarten und Varianten. Schon auf den ersten Blick wird einem klar, dass die Tierwelt abhängig von den Pflanzen ist. Ohne Pflanzen als Nahrungsgrundlage gäbe es keine Mäuse, Rehe oder Hirsche. Und ohne Pflanzenfresser auch keine Beutegreifer wie Uhu, Fuchs oder Wolf, die sich von ihnen ernähren. Wechselbeziehungen bestehen aber nicht nur in einer Richtung und zwischen zwei oder drei Arten; vielmehr kann man sich das Ganze wie ein höchst komplexes Netz vorstellen, in dessen Geflecht letztlich jeder Einfluss auf den anderen nimmt, wenn dies auch manchmal über »Umwege« geschieht. Wer würde beispielsweise ahnen, dass es eine Beziehung zwischen Bäumen und Pilzen gibt? Nur wenige Menschen wissen, dass das Wurzelwerk vieler Bäume von zahlreichen Pilzen, den sogenannten Mykorrhizen, umwoben ist. Diese führen den Wurzeln Nährstoffe zu oder erleichtern den Baumriesen deren Aufnahme. Ohne diese Mykorrhizen würden die Bäume viel schlechter wachsen, an manchen Standorten würden sie ganz absterben. Pilze zerlegen außerdem tierische und pflanzliche Abfallstoffe wie abgestorbene Pflanzen und Tiere in ihre Grundbestandteile. In diesem »zerkleinerten« Zustand können sie von den Bäumen wieder als Nährstoffe aufgenommen werden.

# Wald

**ABENTEUER WALD**

Der Wald ist für kleine und große Forscher und Entdecker spannend und interessant. Wer schon einmal einen richtig »verwilderten« Wald mit umgestürzten Baumriesen und dichtem Gestrüpp gesehen hat, ahnt, warum der Wald in früheren Zeiten im Märchen oft als finster und auch bedrohlich geschildert wurde. Kennt man sich aber aus, so lockt das Abenteuer, verborgene Pfade, auf denen sonst nur nachts die Tiere entlangschleichen, tun sich dem erfahrenen »Waldläufer« auf! Urwald im eigentlichen Sinn gibt es im mitteleuropäischen Kulturraum leider nur noch in geringen Restbeständen. Zumeist umgibt uns Nutzwald, der in weiten Teilen recht eintönig aussieht. Aber in den letzten Jahrzehnten ist die Einsicht in die Bedeutung des Waldes über seine reine Nutzfunktion als Holzlieferant hinaus erfreulicherweise gestiegen. So ist in einigen Bereichen die menschliche Nutzung eingeschränkt worden, Eingriffe werden, wie zum Beispiel in der Kernzone des Bayerischen Waldes, ganz vermieden. Die damit einhergehende Vielfalt an Baumarten und der erhöhte Totholzanteil ermöglichen den verschiedensten Tieren ein Auskommen und beleben ganz besonders die Artenvielfalt. Aber auch jenseits dieser Naturschutzzonen lassen sich Waldabschnitte finden, die zahlreichen Waldbewohnern vielfältigen Lebensraum bieten. Solche vielschichtigen Zonen eignen sich auch ausgesprochen gut zur Erkundung mit der gesamten Familie, gibt es hier doch besonders viel zu entdecken und zu erforschen. Drehen Sie doch einmal ein Stück alte Borke oder Totholz um. Oftmals verbirgt sich in diesem feuchten Mikrokosmos eine ganz eigene, wuselnde und zuweilen etwas gruselige Welt von Asseln, Tausendfüßlern und anderem »Gewürm«. Nach eingehender Betrachtung aber bitte den Urzustand wieder herstellen, sodass die Störung der »Unterwelt« nicht zu lange andauert!

**SUCHEN UND ENTDECKEN**

Gerade im Wald kann man auf die unterschiedlichen Bedürfnisse einer Familie eingehen, ohne dass sich die Mitglieder gegenseitig behindern oder ausschließen. So kann das Suchen von Pilzen mit dem Finden der farbenprächtigsten Blätter für die heimische Sammlung gut miteinander in Einklang gebracht werden. Und die Schau der jeweiligen »Beute« freut dann wieder alle zusammen. Die Bank am Rande einer Lichtung kann als Platz für die wohlverdiente Ruhe der Eltern dienen, wobei die Kinder nicht weit entfernt mit dem Bau der wilden Trollburg oder der Ausstattung des Feenschlosses beginnen.

Wald

# TYPISCHE TIERE & PFLANZEN IM WALD

**Unter dem Blätterdach der Bäume haben sich viele Lebewesen zusammengefunden: In den Kronen und Blättern, unter Steinen, in Höhlen – überall sind sie.**

**1.** Die gebuchteten Blätter der Eiche sind leicht zu erkennen. Bis zu 1000 Jahre alt kann sie werden. Hart und widerstandsfähig ist ihr Holz, viele Tiere des Waldes lieben ihre Eichelfrüchte.

**2.** Der Specht ist der Baumeister des Waldes. Nicht nur für sich, sondern für viele andere Tiere wie Hohltaube oder Siebenschläfer hackt er Nisthöhlen in die Bäume.

**3.** Die Fichte sieht man häufig in unseren Wäldern. Recht stachelig fühlen sich ihre spitzen Nadeln an. Das, was viele »Tannenzapfen« nennen, stammt zumeist von diesem Baum. Sturm mag die Fichte wegen ihrer flachen Wurzeln nicht, denn sie wird leicht vom Wind umgeworfen.

**4.** Eichhörnchen hat jedes Kind schon mal durch den Wald sausen sehen. Oft verstecken sie Nüsse für den Winter, den sie zum Großteil gemütlich schlafend in ihrem Kobel verbringen.

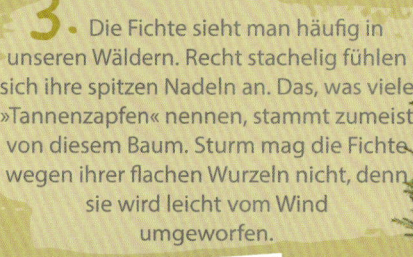

**5.** Wer leise ist, sieht Rehe durch den Wald huschen. Gern naschen sie von den Trieben der Bäume. Die wachsen dann nicht mehr so gut, was im Übermaß dem Wald schadet.

**6.** Im Schatten des Waldes wachsen Farne gut. Weil sie keine Blüten haben, pflanzen sie sich mit Sporenkapseln fort, die man auf ihren Blattunterseiten sehen kann.

Wald

# WINDSPIEL & WALDMOBILE

Kinder tun nichts lieber, als bei einem Spaziergang Sachen zu sammeln. Wie Pippi Langstrumpf, die sich selbst als begeisterte »Sachensucherin« bezeichnet, sind die meisten von ihnen immer auf der Suche nach Fundstücken. Der Wald bietet in dieser Hinsicht eine reichhaltige Fundgrube: Zu schade, wenn die Beute nach dem Spaziergang nur in irgendeiner Ecke landet! Stattdessen kann man wunderbare Waldmobiles, Windspiele oder Waldgirlanden daraus bauen.

**MATERIAL UND WERKZEUG:**
1. Sack zum Aufsammeln
2. kleiner Bohrer
3. Schnur oder dünner Draht zum Auffädeln

**1.** Sammeln Sie mit den Kindern Zapfen, kleine Äste, Blätter, Holzstückchen, Nüsse, Eicheln und Ähnliches.

**2.** Ein Erwachsener macht mithilfe eines Bohrers kleine Löcher in die gesammelten Kastanien und anderen runden Gegenstände. So können sie später aufgefädelt werden. Alternativ kann aus dünnem Draht eine Aufhängung gebogen werden. Größere Kinder können dies unter Anleitung auch selber tun.

Wald

**3.** Nun werden die angebohrten »Früchte des Waldes« auf gleich oder verschieden lange Schnüre oder Wollfäden aufgefädelt. Dazwischen kann immer wieder mal ein Blatt oder ein kleiner Ast eingeknotet werden. Dann werden mehrere Schnüre nebeneinander an ein bizarres Aststück oder einen schön geschwungenen Stock gebunden, dieser ebenfalls noch mit einer Aufhängeschnur versehen – fertig ist das Windspiel!

**4.** Mehrere solcher Zweige können anschließend in Form eines Mobiles in ein Gleichgewicht gebracht werden. Das fertige Mobile sollte maximal drei Ebenen haben, da sonst schnell ein »Schnur- und Äste-Salat« entsteht.

**VARIANTE:**
Einfacher – gerade wenn kleinere Kinder mit dabei sind – geht es, wenn nur einzelne Gegenstände mit einer Aufhängeschnur versehen und an die beiden Enden von Ästchen oder Stöcken gebunden werden. Je nach Art der Objekte lassen sich auch damit fantasievolle Mobiles bauen. Einzelne Schnüre, an denen verschiedene Waldobjekte aufgefädelt wurden, geben außerdem wunderschöne »Waldgirlanden« ab, die sich ins Fenster oder über die Tür hängen lassen oder beim Kindergeburtstag als dekorative Tischgirlande dienen können.

Wald

# BILDER AUS DEM BLÄTTERWALD

Im Herbst verlieren die meisten Blätter ihre grüne Farbe. Das Chlorophyll, das für sie verantwortlich war, wird abgebaut und in der Wurzel gespeichert. Jetzt kommen gelbe und andere Farben in den Blättern zur Geltung, der herbstliche Wald zeigt sich in seiner ganzen Farbenpracht. Am Boden können wir die Meisterwerke der Natur genauer betrachten. Aus ihnen lassen sich originelle Bilder legen, mit ihren unterschiedlichen Formen und Farben kann man Fantasie-Tiere »zeichnen«.

**MATERIAL UND WERKZEUG:**
1. Papier oder Pappe
2. Klebstoff

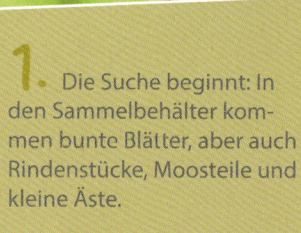

**1.** Die Suche beginnt: In den Sammelbehälter kommen bunte Blätter, aber auch Rindenstücke, Moosteile und kleine Äste.

Wald

**2.** Jeder denkt sich ein Tier aus und lässt sich bei seiner Wahl von den gesammelten Blättern und Materialien inspirieren. Das eine Blatt sieht aus wie der Körper eines Bären, das andere gleicht den Ohren eines Hasen …. Die Blätter werden dann auf einem Stück Papier den Körperteilen des zukünftigen Tieres gemäß angeordnet.

**3.** Nun fixiert man die Blätter mit einem Klebestift auf dem Papier. Sie sollten möglichst trocken sein, damit sie nicht im Laufe der Zeit schimmeln oder reißen.

Wald

# ZAPFENZIELWERFEN

Äste, Rindenstücke, Früchte – im Wald liegt immer ein ganzes Arsenal von Wurfgeschossen am Boden. Insbesondere Kiefern-, Lärchen- und Fichtenzapfen haben hervorragende Wurfeigenschaften. Die wahre Kunst besteht darin, zielsicher etwas zu treffen. Um das zu üben, gibt es viele Varianten: beispielsweise eine aus Ästen auf dem Boden eingerichtete Zielscheibe mit mehreren Punktringen zu treffen oder das Umwerfen eines in den Waldboden gesteckten Stocks von einem bestimmten Punkt aus.

**MATERIAL UND WERKZEUG:**
1. Korb mit Tragegriff
2. Seil oder dicke Schnur (ca. 2 m lang)

## TANNEN- ODER FICHTENZAPFEN?

1. Tannenzapfen wachsen stets aufrecht auf dem Ast. Sind sie ausgereift, zerfallen sie ganz einfach, die einzelnen Schuppen segeln mit ihrer Samenfracht zu Boden.

2. Fichtenzapfen fallen als Ganzes zu Boden. Deshalb sind die meisten auf der Erde liegenden Zapfen Fichten- und keine Tannenzapfen.

❶

❷

**1.** Hängen Sie einen Korb an einer Schnur an einem Ast auf. Jeder Mitspieler bewaffnet sich mit einer bestimmten Anzahl von Zapfen und stellt sich an einem vorher festgelegten Punkt auf. Besonders schwierig wird es, wenn dieser Startpunkt beispielsweise ein schmaler abgesägter Baumstumpf ist, den man beim Werfen nicht verlassen darf.

Wald

**2.** Jeder darf so lange mit seinen Zapfen werfen, wie er ins Ziel trifft. Wirft er daneben, so ist der nächste Mitspieler dran. Sieger ist, wer als Erster alle seine Zapfen ins Ziel geschossen hat.

**VARIANTE:** Besonderen Spaß macht das Zielwerfen, wenn der Korb mit einem kräftigen Schubs zum Schwingen gebracht wird, während die Mitspieler im Kreis um ihn herumstehen. Alle Mitspieler können »einlochen«, wenn der Korb gerade bei ihnen vorbeischwingt.

Wald

# RUBBELBILDER

Die Rinde eines Baumes hat immer ein ganz individuelles Aussehen, das von Baumart, Alter und Standort abhängig ist. Sie kann fein gemasert und eher glatt, aber auch rau, buckelig und schroff sein. Bei allen Unterschieden, die sie im Laufe ihres Wachstums erfahren haben, lassen sich die einzelnen Baumarten aber auch an ihrer Rinde erkennen und unterscheiden. Ein Blatt Papier und Buntstifte reichen schon, um wahre Kunstwerke zu produzieren und viel über die Natur der Dinge zu erfahren.

**MATERIAL UND WERKZEUG:**
1. Papier
2. Buntstifte, Wachsmalstifte oder Malkreiden
3. Klebestreifen oder Nadeln zum Festpinnen

## RINDENARTEN

Bäume kann man auch anhand der Farbe und der Struktur ihrer Rinde bestimmen.

1. Eichenrinde ist grünlich grau und schon früh von tiefen Längsrinnen durchzogen.

2. Kiefernrinde ist braun gefärbt und bei alten Bäumen von tiefen Furchen durchzogen.

3. Buchenrinde ist meist glatt und silbergrau. Alte Astansätze wirken oft wie Augen.

**1.** Gehen Sie mit den Kindern im Wald an einen Platz, wo es möglichst viele verschiedene Baumarten gibt.

**2.** Ideal sind Bäume, die mindestens so breit sind, dass man bequem ein Blatt Papier in Augenhöhe auf ihre Rinde legen kann. Es sollte außerdem schon ein paar Tage trocken gewesen sein, sodass keine Feuchtigkeit in der Rinde haftet – sonst würde beim Rubbeln leicht das Blatt zerreißen.

**3.** Verteilen Sie nun das Papier und die Stifte. Geeignet sind vor allem Bunt-, Wachs- und Kohlestifte. Die Malgeräte sollten nicht zu spitz sein. Gerade jüngere Kinder haben Probleme damit, einen Stift über längere Zeit schräg zu halten.

Wald

**4.** Helfen Sie den Kindern, das Papier mit Klebestreifen oder Nadeln am Baum zu befestigen. Wählen Sie die Höhe so, dass die kleinen Künstler bequem arbeiten können.

**5.** Zum Abpausen fährt man nun mit den Stiften nicht zu fest über das Papier, bis die Rindenstruktur als Rubbelbild sichtbar wird.

**6.** Im Lauf der Zeit kann man verschiedene Baumrinden abpausen und eine kleine Sammlung zusammenstellen. Auf den Blättern vermerkt man die jeweilige Baumart. Eventuell kann man auch ein Blatt oder einen Baumsamen dazukleben, sodass sich ein vollständiges Porträt des Baumes ergibt.

**7.** Es macht auch Spaß, wenn die Kinder ihre Bilder austauschen und jedes Kind bestimmen oder auch raten muss, um welche Baumart es sich handelt.

**VARIANTE**: Sie können auch die Strukturen von Gräsern, Steinen oder Felsen abschraffieren. Bei der Auswahl sind (fast) keine Grenzen gesetzt. Wer es wissenschaftlicher mag, kann ein Verzeichnis der im Lieblingswald vorkommenden Bäume erstellen und die verschiedenen Arten mit einem Bestimmungsbuch identifizieren.

Wald

# HECKENPUNSCH

Bunte Hecken bieten vielen Tieren Unterschlupf und Nahrung. Vom Grünfink bis zur Heckenbraunelle reichen die Vertreter aus der Vogelwelt. Daneben finden viele Säugetiere hier ein Versteck, und insbesondere im Winter sind die Früchte zahlreicher Heckengehölze beliebte Futterquellen. Auch für Menschen gibt es ein wahres Füllhorn an Beeren und Früchten, die unseren Speiseplan nicht nur im Herbst bereichern können.

**MATERIAL UND WERKZEUG:**
1. Wasser
2. Honig/Zucker
3. ggf. Apfelsaft
4. Sieb und Topf
5. kleiner Campingkocher

**1.** Sammeln Sie mit den Kindern unterschiedliche Beeren, wie Hagebutten, Kornelkirschen, Himbeeren, Brombeeren. Je nach Alter und Erfahrung der Kinder sollte zunächst eine Beerenart von einem Strauch unter Aufsicht gesammelt werden. Sind die Kinder (und Sie) schon geübt, kann das Sammeln freier gestaltet werden. Zunächst ist aber Vorsicht geboten!

### VITAMINBOMBE SANDDORN
Die orangeroten Beeren des Sanddorns kann man ab Mitte August ernten. Sie sind ausgesprochen reich an Vitamin C und schmecken fein süß-säuerlich. Da wild wachsende Sträucher unter Naturschutz stehen, muss beim Sammeln auf Sanddornsträucher im Garten oder im Park ausgewichen werden. Viele Vögel fressen im Winter von den Beeren.

Wald

**2.** Sichten Sie zum Schluss noch einmal alle Beeren und sortieren Sie Unbekanntes zur Sicherheit aus. Entfernen Sie Blätter und kleine Aststückchen, denn sie würden den Punsch bitter machen. Bei Bedarf reinigen Sie die Beeren im Sieb mit dem mitgebrachten Leitungswasser.

**3.** Danach erwärmt man die Beeren mit etwas Wasser in einem Topf. Bei Bedarf gibt man Apfelsaft und je nach Geschmack ein wenig Honig oder Zucker hinzu. Fertig!

**IM FRÜHLING: HOLLERSIRUP**
Um leckere Getränke zuzubereiten, muss man nicht bis zum Herbst warten, wenn die Früchte reif sind. Hollersirup wird im Frühjahr aus Holunderblüten gekocht, und zwar folgendermaßen: • 2,5 l Wasser aufkochen und 1 kg Zucker darin auflösen. • 20 saubere, von Insekten befreite Blütendolden in eine Schüssel geben, das Zuckerwasser darübergießen und 3 TL Zitronensäure einrühren. • Ca. 3 Tage stehen lassen, abgießen, nochmals aufkochen und heiß in Flaschen füllen.

Wald

# RINDEN FÜHLEN

Da wir im Dunkeln schlecht oder nur wenig sehen können, müssen wir unsere anderen Sinne verstärkt einsetzen. Neben Riechen und Hören gewinnt das Tasten und Fühlen an Bedeutung. Kann man Bäume nur anhand ihrer Rinde erkennen? Das ist hier die Frage! Aber selbst wenn es einem nicht gelingt, den Baum durch bloßes Befühlen seiner Rinde zu erkennen, so sind schon die unterschiedlichen Tastergebnisse und der Variationsreichtum der verschiedenen Sinneseindrücke Belohnung genug.

**1.** Wählen Sie gemeinsam einige Bäume Ihres Gartens oder im Park aus, die Sie kennen, oder bestimmen Sie diese anhand der Blätter, die ja im Hellen gut sichtbar sind.

**2.** Gehen Sie bei Dunkelheit mit den Mitspielern zum betreffenden Baum. Ist es noch nicht ausreichend dunkel, kann man zum Raten auch einfach die Augen schließen.

**3.** Die Mitspieler betasten den Baum und versuchen anhand der Rinde oder einzelner Zweige und Blätter oder Nadeln den Baum zu erraten. Die Struktur des Gefühlten wird beschrieben.

**4.** Kann man sich nicht auf einen bestimmten Baum einigen, kann die Taschenlampe zu Hilfe genommen werden. Reicht auch das nicht, so nehmen Sie ein Bestimmungsbuch für Bäume zur Hand. Gelingt es auch mit dessen Hilfe nicht, den Baum zu bestimmen, so war es ein interessantes Fühlerlebnis und die Bäume bekommen Fantasienamen wie »Dickrindenbaum«, »Raubaum« oder »Glattstamm«.

Wald

Zu zweit kann man sich miteinander austauschen, was man mit den Fingern spürt.

**TIPP:** Jedes »Baumkleid« fühlt sich anders an. Besonders glatte Rinde haben z. B. Kirschbäume, kaum Unebenheiten weisen die Rinden von Buchen und Hainbuchen auf, rau zerfurchte Rinde haben Eichen, schuppig abblätternde Rinde Platanen oder auch Schwarzkiefern. Auch Alt und Jung lassen sich oft anhand der Rinde unterscheiden: Während die weiße Rinde junger Birken sich glatt anfühlt und leicht abziehen lässt, ist die Rinde alter Birken oft dunkelgrau und unter den Händen rau und runzelig.

# WALDBLINDSCHLEICHE

Den Wald erlebt man nachts ganz anders als tagsüber. Besonders interessant wird es, wenn man sich abseits ausgetretener Pfade für kurze Zeit in die Büsche schlägt. Jetzt sind vor allem Tastsinn und Gehör gefordert. Am besten benutzt man für die Nachtwanderung ein Seil, das alle ergreifen und dessen Anfang ein erfahrener Anführer hält.

**MATERIAL UND WERKZEUG:**
1. Seil
2. Taschenlampe

# Wald

**1.** Alle Nachtwanderer ergreifen das ausgelegte Seil mit der linken Hand und stellen sich hintereinander auf. Der »Kopf« der Blindschleiche darf bei einsetzender Dämmerung die Augen offen lassen, die übrigen schließen sie und folgen vorsichtig dem Vordermann. Geübt wird zunächst auf einem ebenen Waldweg. Bei völliger Dunkelheit darf man zwischenzeitlich kurz eine Taschenlampe anschalten, um zu überprüfen, wie das nun folgende Wegstück beschaffen ist.

**2.** Mit einer mutigen und erfahrenen Gruppe kann man in den Wald einbiegen und sich an zunehmend schwierigerem Gelände versuchen. So werden die Sinne geschärft. Nach kurzer Zeit fällt einem die Orientierung im Dunkeln erheblich leichter, die Augen gewöhnen sich an die Nacht. Weiterer Effekt: Man hört Dinge, die man vorher noch nie bewusst wahrgenommen hat.

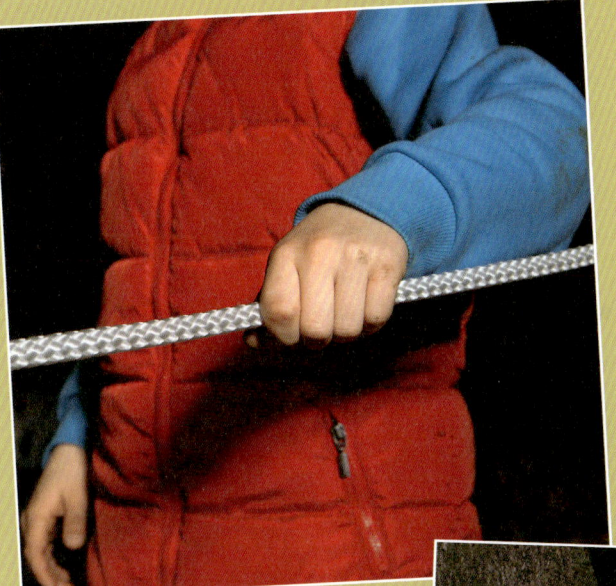

**TIPP:** Das Spiel macht auch am helllichten Tag großen Spaß, die Gruppe muss nur die Augen schließen. Das Erstaunen ist nach fünf Minuten groß, wenn die Augen geöffnet werden und man sich an einem neuen, unvermuteten Ort befindet. Von Augenbinden raten wir zumindest anfangs ab, denn jeder hat ein anderes Sicherheitsbedürfnis, zur Not können vorsichtige Teilnehmer ein wenig auf den Weg linsen. Nicht vergessen, ausgetretene Pfade auch einmal zu verlassen!

Wald

# GRUPPENSPIELE IM WALD

Wer mit vielen Kindern im Wald unterwegs ist, sollte einen Treffpunkt wie ein Waldsofa haben, wo sich alle immer wieder einfinden können. Günstig ist es auch, einen Pfiff oder einen Ruf zu vereinbaren, falls jemand unterwegs verloren gehen sollte. Eine zweite Begleitperson ist hilfreich, wenn man oft den Standort wechselt.

Erst rennen, dann entscheiden: Das verwirrt den Gegner.

## 1, 2, 3-SPIEL

Ein Bereich wird in drei Felder geteilt. Ein Mitspieler denkt sich eine Frage aus und gibt drei Antworten vor, von denen eine richtig ist. Jeder Variante wird ein Spielfeld zugeordnet. Die Spieler müssen sich nach einer Bedenkzeit (z. B. 30 Sekunden) für eine Antwort und damit für ein Feld entscheiden. Nun kommt die Auflösung mit der Begründung, warum nur eine bestimmte Antwort die richtige ist. Nach einer Weile wird der Frager durch einen Mitspieler abgelöst.

## WALDSOFA

Will man länger als nur ein paar Minuten an einem Ort im Wald verweilen oder einen Treffpunkt schaffen, von dem man ausschwärmen kann, so empfiehlt sich die Suche nach einem geeigneten Lagerplatz, der zentral gelegen ist. Ein selbst gebautes Waldsofa ist da genau das Richtige. Dafür braucht man eine ausreichend große Freifläche, auf der man ein Fundament »vorzeichnet«: Dazu fassen sich alle an den Händen und bilden einen Kreis. Alle laufen nun in eine Richtung im Kreis und durch das Scharren mit den Füßen entsteht ein Kreis auf dem Waldboden. Auf dieser Kreislinie schichtet man nun Äste und Totholz auf. Ab Kniehöhe verwendet man kleinere Zweige, trockenes Gras und Laub als Polster. Ist das Werk vollbracht, versammeln sich alle im Innenraum und lassen sich gleichzeitig nieder. Nun kann man Geschichten und Märchen erzählen. Es lohnt sich, das Waldsofa nach einigen Wochen oder Monaten erneut zu besuchen, um zu sehen, wie es sich durch Wind und Wetter verändert.

Auf dem Waldsofa kann man prima Geschichten erzählen.

## SCHARADE

Tiere sehen nicht nur unterschiedlich aus, sie verhalten sich auch ganz unterschiedlich. Ihre typischen Eigenschaften treten zutage, wenn man versucht, sie in einer Scharade darzustellen. Dazu denkt sich jeder Teilnehmer ein Tier aus und schreibt dessen Namen auf ein Blatt Papier. Der Spielleiter lässt ein Tier aus dieser Auswahl von einem Teilnehmer pantomimisch darstellen. Die anderen versuchen, das Tier zu erraten. Liegt ein Rater richtig, so stellt er »sein« Tier dem Publikum vor.

Ein Tier, das solche Zähne hat, ist leicht zu erraten.

## WALDOLYMPIADE

Entlang eines Parcours werden mehrere Stationen aufgebaut, an denen sich die Teilnehmer beispielsweise beim Zapfenwerfen (siehe Seite 24) beweisen müssen. Man kann auch noch eine »Baumstamm-Balancier-Strecke« einbauen oder eine bestimmte Fläche abstecken, die mithilfe von Baumscheiben oder Holzstücken überwunden werden muss, ohne den Waldboden zu berühren. Ebenfalls gut geeignet ist eine Strecke, die man mit einem Eierlauf zurücklegt, allerdings werden dabei Tannenzapfen o. Ä. auf zwei Holzstöcken balanciert und dürfen nicht zu Boden fallen. Es spielen entweder Teams oder Einzelne gegeneinander; die Sieger bekommen einen Klettenlabkraut- oder Blätterkranz, die »Reserve-Sieger« eine Rinden- oder Blatt-Medaille.

## EICHHÖRNCHEN

An zwei Spielergruppen wird eine bestimmte Anzahl von Nüssen, aber auch Bonbons oder Schokokugeln verteilt. Jeder Gruppe wird ein abgestecktes Spielfeld zugewiesen. In diesem »Territorium« verstecken die Eichhörnchen bzw. die Mitspieler ihre »Nüsse«. Sind alle Nüsse versteckt, tauschen die beiden Gruppen die Spielfelder und suchen nun nach der versteckten »Beute«. Hat jedes Eichhörnchen eine vorher bestimmte Anzahl (z. B. mindestens drei) Nüsse gefunden, ist sein Überleben während des Winters gesichert. Hörnchen, die weniger oder keine Nüsse finden, müssen leider verhungern! Oder aber sie verbünden sich gleich zu Suchtrupps und teilen die Beute. Bei sehr kleinen Kindern sollte sichergestellt sein, dass auch sie genügend Nüsse finden können, denn wer identifiziert sich schon gerne mit einem verhungernden Eichhörnchen …?

# WASSER

Wasser in einem See, Bach, Tümpel, Teich, Flusslauf, ja sogar das Wasser in einer Regentonne löst bei Kindern immer wieder Faszination aus. Man kann darin planschen, es mithilfe von Dämmen aufstauen und seine Bewohner entdecken.

Wasser

# RUND UMS WASSER

**Fast jeder kennt in der Nähe ein kleines oder größeres Gewässer. Je nach Fließgeschwindigkeit und Größe kann man dort mit Kindern die verschiedensten Unternehmungen starten. Von der barfüßigen Frosch- und Kaulquappenexpedition im Frühjahr bis zum Eisschlittern im Winter ist vieles möglich.**

## LEBENSELIXIER WASSER

Wasser ist die Grundlage der meisten Lebensformen auf unserem Planeten und dient vielen Tieren und Pflanzen als Lebensraum. Im und am Wasser können wir zahlreiche Lebensgemeinschaften beobachten, die durch ihre Wechselbeziehungen faszinieren. Die meisten Wasserläufe und Seen im dicht besiedelten Mitteleuropa sind stark vom Menschen beeinflusst oder wurden erst durch ihn geschaffen. Aber auch solche »Wasserwelten« aus Menschenhand bieten reichhaltige Gelegenheit für Entdeckungen und Erkundung durch große und kleine Naturforscher. Und selbst in kleinen Tümpeln und Pfützen regt sich Leben, sogar das Wasser in der Regentonne lädt zu Experimenten und zum Spielen ein.

### LEBENSRAUM FÜR TIERE UND PFLANZEN

Im und am Wasser leben ganz spezielle Tiere und Pflanzen, die bei einem Ausflug zum nahe gelegenen Teich oder Bach das besondere In-

Eine aus dem Garten »entwischte« Seerose findet man manchmal in »wilden« Teichen.

Wasser

Die Spannung ist immer wieder groß: Was ist uns dieses Mal ins Netz gegangen?

teresse der Kinder wecken. Am augenfälligsten sind große und kleinere Wasservögel wie Graureiher, Schwäne, Gänse und Enten, die schon kleine Kinder faszinieren und die sogar im Winter, bei Minusgraden, zum Besuch am See verlocken. Bei näherem Hinsehen gibt es auf und im Wasser noch viele weitere Tiere zu entdecken: Wasserläufer, Gelbrand- und andere Schwimmkäfer, Libellen- und Mückenlarven, Kaulquappen, Frösche, Kröten, Fische … Manche Tiere wie die Libellenlarven geben uns beim ersten Anblick richtiggehende Rätsel auf, um was für eine Art Lebewesen es sich hier wohl handelt. Umso größer ist der Eifer und nachher das Erfolgserlebnis der kleinen Naturforscher, wenn ein solches Geheimnis gelüftet ist. Halten Kinder zum ersten Mal einen selbst gefangenen Frosch in der Hand, ist das meist eine unvergessliche Erfahrung – es versteht sich von selbst, dass auch hier gleich der sorgsame Umgang mit der Natur und ihren Geschöpfen spielerisch eingeübt und das Tier nach eingehender Betrachtung wieder behutsam in seinen Lebensraum entlassen wird. Eines der faszinierendsten Wunder im Tierreich, die Metamorphose, also die Verwandlung einer kiemenatmenden, im Wasser schwimmenden Kaulquappe in einen über eine Wiese hüpfenden, lungenatmenden Frosch, können die Kinder bei wiederholten Besuchen an einem Gewässer hautnah miterleben, wobei sie meist aus dem Staunen kaum mehr herauskommen. Auch Pflanzen des Lebensraums Wasser können Kinder neugierig machen. Seien es wilde Pfefferminze oder Brunnenkresse, die für Tee oder Salat gesammelt werden können, Schilf oder Rohrkolben, deren hohle Stiele und Stängel man für die Befüllung eines Insektenhotels verwenden kann, oder Teichrosen und Algen, die, frei schwimmend oder mit ihren Wurzeln im Teichgrund verankert, ein geheimnisvolles Leben führen, so ganz anders als die Pflanzen an Land. Nicht weniger spannend sind die Eigenschaften des Wassers selbst, die sich mit vielen Experimenten herausfinden lassen. Von simplen Fragestellungen wie: »Was schwimmt? Was geht unter?« bis hin zur Oberflächenspannung und Wellenbildung vermag das Element Wasser Kinder immer wieder in seinen Bann zu ziehen.

## UNTERSCHIEDLICHE GEWÄSSERTYPEN

Grundsätzlich unterscheiden sich die Lebensgemeinschaften von stehenden oder fließenden Gewässern. Eine besondere Form mit stark ausgeprägten Übergängen bilden die in unseren Breiten seltenen Flussauen, die durch zeitweilige rasante Überschwemmungen, Ruhephasen mit stehendem Wasser und erneutes Austrocknen geprägt sind. Hier ist oftmals wieder der Biber als »Baumeister« am Werk, der seinen Lebensraum selbst gestaltet. Kleine Tümpel und schmale Bachläufe eignen sich besonders für junge Naturforscher zum weitgehend eigenständigen Erkunden. Sind hier doch die Gefahren, anders als die, die von tiefen oder reißenden »Wasserfluten« ausgehen, überschaubar. Vielerorts sind solch geeignete Bachläufe und Teiche durch Umweltschutzbehörden oder Naturschutzverbände extra ausgewiesen und werden durch einen Steg oder ähnliche Baumaßnahmen gefahrlos zugänglich gemacht. Informationen erhalten Sie bei den regionalen Umwelt- oder Tourismusplattformen. Sie sollten jedoch immer die beim Aufenthalt in Wasserlandschaften notwendige Umsicht walten lassen und insbesondere kleine Kinder niemals – auch nicht für kurze Zeit – unbeaufsichtigt im Uferbereich sich selbst überlassen. Es empfiehlt sich auch eine Sondierung des näheren Umfeldes, kann doch der Uferbereich ein Stück abseits des »Forschungsareals« nicht mehr seicht und leicht zugänglich sondern steil abfallend und damit gefährlich für Kinder sein. Bei herbstlichem Wetter ist zumindest der entspannte Teil des Ausflugs schnell vorbei, wenn das Kind in den Teich oder Bach gefallen ist. Bitte beachten Sie: Extra ausgewiesene Naturschutzbereiche und Ruhezonen für die Wasser liebende Tierwelt dürfen – entweder ganzjährig oder zu bestimmten Zeiten – nicht gestört werden. Gerade zum Üben des Umgangs mit Kescher und Becherlupe bieten sich von Mitmenschen ohnehin stark frequentierte Uferbereiche an. Zum einen sind diese Gebiete im Vorfeld durch Generationen von Badegästen auf ihre Sicherheit praktisch getestet. Zum anderen finden sich hier regelmäßig keine besonders geschützten Tiere oder Pflanzen, die durch noch ungeübte Forscherhände Schaden nehmen könnten. Aber auch hier gilt, wie in allen anderen Naturbereichen: leben und leben lassen!

Wasser

# TIERE & PFLANZEN IM UND AM WASSER

**Ob im, am oder unter Wasser: Tiere und Pflanzen gibt es überall reichlich. Manche von ihnen sowie ihre ganz besonderen Lebensumstände entdeckt man allerdings erst auf den zweiten Blick.**

**1.** An dicken Stielen recken sich die kugeligen Blüten der Teichrosen zwischen ihren Schwimmblättern aus dem Wasser.

**2.** Der Biber, unser größtes heimisches Nagetier, schafft sich seinen eigenen Lebensraum. Dafür fällt er in meist nächtlicher Nagearbeit bevorzugt Weiden und Erlen. Man bekommt ihn selten zu Gesicht, doch Dämme, Biberbauten und Nagespuren sind deutliche Zeichen seiner Anwesenheit.

**3.** Wahre Unterwasserwelten schafft die Wasserpest. Zwischen den Pflanzen, die für Sauerstoff im Wasser sorgen, finden Fische Unterschlupf.

**4.** Der Stichling erhielt seinen Namen wegen der Stacheln, die er auf dem Rücken trägt und die er wie eine Waffe einsetzen kann. Im Frühjahr, zur Paarungszeit, sind die Männchen am Bauch kirschrot gefärbt.

**5.** Am Rand von Gewässern wächst der Rohrkolben, eine schilfartige Pflanze mit kolbenförmigem Fruchtstand.

**6.** Wie schillernde blaue oder grüne Pfeile jagen Libellen über dem Wasser dahin. Die Larven der faszinierenden Flugkünstler leben 3 – 5 Monate, bei manchen Großlibellenarten gar mehrere Jahre im Wasser, wo sie Beutetiere bis Kaulquappengröße erlegen.

Wasser

# FLUSSMURMELBAHN ✂

Wasser fließt grundsätzlich nur talwärts. Fehlt es einem Fluss an Gefälle, so bildet sich zunächst ein See. Erst wenn der Wasserstand einen Uferbereich überschreitet, kann das Wasser abfließen und sich ein neues Bett suchen. Das Prinzip von Gefälle, rollender Murmel und fließendem Wasser kann man hervorragend mit einer selbst gebauten Flussmurmelbahn ausprobieren.

**MATERIAL UND WERKZEUG:**
1. Astschere oder kleine Säge
2. schweres Messer oder kleines Beil mit schlanker Klinge
3. (kleine) Murmeln
4. lange Holzschraube mit abgestumpfter Spitze
5. ggf. Schmirgelpapier

**1.** Aus fingerdicken Holunderästen schneidet man 10 – 15 cm lange Stücke. Diese werden mit einem kleinen Beil mit schlanker Klinge oder einem schweren Messer der Länge nach in der Mitte gespalten.

**2.** Die Kinder können nun das weiße Mark in der Mitte der beiden Hälften mit einem Stöckchen herausschaben. Noch besser funktioniert es mit einer langen Schraube, deren Spitze aus Sicherheitsgründen abgestumpft ist. Auf diese Weise entsteht eine Rinne, in der später die Murmel oder das Wasser entlanglaufen kann. Wer will, entfernt die Rinde und glättet die Ecken der Äste mit Schmirgelpapier.

**3.** Ganze Flussläufe kann man so konstruieren. Wichtig ist ein leichtes Gefälle, damit sich Murmel oder Wasser bergab bewegen können. Zum Aufbauen sucht man deshalb einen leicht geneigten Bodenabschnitt aus. Ist der Untergrund mit Sand oder Kies bedeckt, können die Holzstücke leicht hineingedrückt werden, sodass sie nicht seitlich verrutschen.

**4.** Die aneinandergelegten Holunderstücke schaffen eine Wasserrinne oder eine Laufbahn für eine kleine Murmel. Sie rollt besonders reibungslos, wenn die einzelnen Stücke möglichst ohne größere Absätze aneinandergelegt werden oder wenn man möglichst lange Holunderabschnitte verwendet.

**TIPP:** Später kann man in kleinen Gruppen versuchen, die Segmente frei in der Hand zu halten und so eine »Schwebebahn« zu konstruieren, in der die Murmel entlangläuft, ohne auf den Boden zu fallen.

Wasser

# KIESELSTEINBOGEN ✂

Wie man einen Turm baut, haben die meisten Kinder schon mit Bauklötzen geübt. Mit unregelmäßigen Natursteinen, wie man sie am Ufer von vielen Flüssen findet, ist das schon ein wenig schwieriger. Eine der anspruchsvollsten »architektonischen« Konstruktionen ist der frei stehende Bogen aus Kieselsteinen. Probieren Sie es aus! Es ist noch kein Baumeister vom Himmel gefallen!

**1.** Als Erstes sammelt man flache Steine verschiedener Größe am Ufer. Wer will, sortiert sie vor dem Bau noch nach Farben.

**2.** Als zweiten Schritt fertigt man eine Unterkonstruktion aus Sand oder Kieselsteinen. Die Unterkonstruktion (»Sandhaufen«) ist so geformt wie die Unterseite des späteren Bogens. Entlang der Konstruktion schichtet man mit flachen, sich dachziegelartig überlappenden Steinen zunehmend steiler werdende Türme auf, am besten abwechselnd von beiden Seiten, bis die schrägen »Türme« sich oben fast berühren. Zuletzt wird vorsichtig der Abschlussstein gesetzt, der die Bogenhälften verbindet.

**3.** Ist der Bogen aus flachen Steinen über die Unterkonstruktion gespannt, kann man diese vorsichtig entfernen. Dazu wird das Füllmaterial mit den Händen herausgebuddelt! Das erfordert höchste Konzentration – wie beim Mikado-Spielen! Jeder kleine Stoß oder Schubser kann den Bogen zum Einstürzen bringen.

Dieses Mal hält der Bogen ganz bestimmt.

**4.** Wahrscheinlich wird der erste frei stehende Bogen im Vorfeld von zahlreichen »Ruinen« und eingestürzten Vorgängerbauten begleitet sein. Ist endlich ein Bogen gelungen, so können Sie Ihren Erfolg fotografieren und das Ergebnis mit Blumen, Gras und anderen Materialien verschönern.

Wasser

# KINDERFLOSS ✂

Ein eigenes Floß bauen – davon träumen viele Kinder. Als Baumaterial eignen sich trockene Äste oder frische Holunderzweige. Deren weiches Mark verleiht nämlich auch frischen Zweigen Auftrieb. Oberste Maxime: Selber machen ist wichtig! Lieber ein eigenwilliges Floß, das nicht allen »Regeln der Floßbaukunst« folgt, als ein perfektes Floß, das ein Erwachsener gebaut hat. Hier eine einfache Bauanleitung als Anregung.

**MATERIAL UND WERKZEUG:**
1. Garten- oder Astschere
2. Bindfaden
3. Messer, ggf. Akkubohrer

**1.** Die Kinder – kleinere mit Unterstützung – schneiden 4 – 6 fingerdicke Aststücke auf ca. 15 cm Länge zu. Ans Ende einer dünnen Schnur knotet man nun eine Schlaufe. Zieht man das lose Ende der Schnur durch die Schlaufe, so erhält man eine sich festziehende Schlinge. Diese legt man um ein Aststück und zieht sie fest.

**2.** Die übrigen Aststücke umschlingt man in Form von Achterwellen mehrmals und verbindet sie dadurch. Abschließend zieht man das Ganze fest, wodurch die Aststücke dicht aneinanderrücken, verknotet die Schnur und schneidet das Ende ab. Das andere Ende der Aststücke verbindet man ebenso miteinander. Diesmal ist es etwas schwerer, da die gegenüberliegende Seite schon verknotet ist. Fertig ist das Floß!

Wasser

**3.** Natürlich sieht das Floß viel schöner aus, wenn man es noch mit einem Mast aus einem dünnen Zweig versieht. Der wird einfach zwischen die Floßplanken gesteckt. Oder man bohrt in einen der mittleren Äste ein kleines Loch, in das der Mast gesteckt wird. Als Segel eignet sich ein größeres Blatt, in das vorsichtig zwei kleine Löcher zum Durchstecken des Astes gemacht werden.

**4.** Klar, dass so ein Floß auch sofort ausprobiert werden muss. Wer will, kann auch gleich Wettfahrten veranstalten. Allerdings muss dann jemand am Ziel stehen, um die Floße in Empfang zu nehmen. Wäre doch schade, wenn sie einfach davongetragen würden.

**INFO:** Haben Sie gewusst, dass vor der Erfindung der Eisenbahn viele schwere Güter mithilfe von Holzflößen transportiert wurden? Wie die Flößer ihre Gefährte über Untiefen und Stromschnellen bewegten, kann man noch an einigen alpennahen Flussabschnitten erleben. Heute werden allerdings nicht mehr Handelswaren, sondern Touristen – mit oder ohne Blasmusik – flussabwärts transportiert.

Wasser

# FARBKREIS & MANDALA

Die Natur hält ein großes Repertoire an Farben und Formen bereit. Arrangiert man etwa Steine oder Blumen auf einer Kiesbank, so entstehen unerwartete geometrische Figuren. Angeregt durch religiöse Rituale fernöstlicher Kulturen, erfreut sich diese Technik steigender Beliebtheit. Kinder lieben es, sich auf diese Weise mit der Natur zu beschäftigen, konzentriert nehmen sie dabei Formen und Farben der Objekte in sich auf.

**1.** Jeder sucht ein oder mehrere Laub- und Blütenblätter, die ihn farblich besonders ansprechen. Gemeinsam werden von den gesammelten Blättern einige ausgewählt und nach der Farbskala von Rot, Rotbraun, Orangefarben über Gelb bis Grün und Blau angeordnet. Nun suchen die Kinder weitere Blätter, die entweder genau zu den vorgegebenen Farben passen oder Übergänge zwischen den einzelnen Hauptfarben bilden. Als Figuren eignen sich Kreise oder Spiralen.

**2.** Auch Labyrinthe oder Darstellungen von Tieren können mit Blättern oder anderen Materialien gelegt werden. Ob es der Fisch aus Kieselstein oder die Eule aus Blättern sein soll, bleibt der Fantasie überlassen. Einzige Begrenzung sind die vor Ort zur Verfügung stehenden Materialien. Die »Landart-Objekte« verbleiben vor Ort, Fotos können an einen kreativen Nachmittag erinnern.

Wasser

Wasser

# LEBEN UNTERM EIS

Auch wenn Teiche und Seen zufrieren, verlässt das Leben sie nicht gänzlich. Viele Wasserlebewesen schalten in der Winterzeit in einen »Energiesparmodus« um, andere scheinen sich bei Eis und Schnee erst richtig wohlzufühlen. Ein ganz besonderes Vergnügen ist es für viele Kinder, auf zugefrorenen Gewässern zu schlittern und zu rutschen; durch ein Eisfenster kann man einen Blick in die stille Unterwasserwelt werfen.

**MATERIAL UND WERKZEUG:**
1. Besen
2. Flasche mit Wasser
3. ggf. Schneeschieber

**1.** Im Winter kann man trockenen Fußes dort entlanggehen, wo sich sonst nur Enten, Fische und Frösche tummeln! Ist eine Eisfläche als sicher eingestuft und sind die besonderen Verhaltensweisen und Sicherheitshinweise mit den Kindern besprochen, kann der Spaß losgehen. Warnen Sie die Kinder aber ausdrücklich davor, zu einer späteren Zeit noch einmal allein dorthin zu gehen. Die Gefahren bei sich verändernden Eisverhältnissen sind zu groß. Das Eis darf nur in Erwachsenenbegleitung betreten werden.

**INFO:** Mit den Schlittschuhen gleitet man so leicht übers Eis, weil sich unter der Kufe aufgrund des Drucks ein dünner Wasserfilm bildet, der den Reibungswiderstand verringert.

Wasser

Einfach Anlauf nehmen und übers Eis schlittern: bei Minustemperaturen ein Riesenspaß.

**2.** Befreien Sie gemeinsam die Eisoberfläche von Schnee und Harsch. So lässt sich, insbesondere in Ufernähe, ein Einblick in die Unterwasserwelt im Winter erhaschen. Ist das Eis bereits zerkratzt, hilft oftmals leichtes Polieren oder ein wenig Wasser, das darübergegossen wird und dann schnell friert. Mit seiner glatten Oberfläche wirkt das kleine »Eisfenster« wie eine Taucherbrille.

# GRUPPENSPIELE AM WASSER

Wasser ist ein Element, das für Kinder viele Experimentier- und Spielmöglichkeiten bietet. Voraussetzung bei kühlerem Wetter sind unbedingt Gummistiefel, wenn möglich sollte eine zweite Begleitperson mit dabei sein – ins Wasser gefallen ist schnell jemand, und dann muss einer das durchnässte Kind »trocken legen«.

## FEUERWEHR

Vor Erfindung der Feuerwehrschläuche mussten die Menschen eine Eimerkette bilden, um die Strecke zwischen Dorfteich und Brandherd zu überwinden. Nicht die Feuerbekämpfung, sondern die Teamarbeit steht bei unserem Spiel im Vordergrund: Zwei Gruppen stellen sich hintereinander auf. Anstatt volle Eimer weiterzureichen, werden volle Wasserbecher in den leeren des Nachbarn umgefüllt. Wer seinen Becher in den des Nachbarn geleert hat, stellt sich am anderen Ende der »Schöpfreihe« wieder an. Gewonnen hat das Team, das am schnellsten eine bestimmte Menge Wasser in ein festgelegtes Ziel gebracht hat.

> Hier ist Teamarbeit gefragt: Gemeinsam sind wir stark.

## WASSERWELLE

Wirft man einen Stein ins Wasser, so folgen dem »Blubb« zumeist ringförmige Wellen. Wie sieht solch eine Welle wohl aus der Perspektive eines Froschs aus? Will man nicht mit einer Taucherbrille ausgestattet ins Wasser steigen, so kann man das Phänomen der Welle sehr gut mithilfe eines Seils auch an Land nachbilden. Dazu wird ein mindestens 4 Meter langes Seil zwischen zwei Personen auf den Boden gelegt; die übrigen hocken sich entlang des Seils hin und beobachten dieses. Ein Ende des Seils wird durch ein kurzes Schwingen aus dem Handgelenk (wie beim Schlagen einer Peitsche) in Bewegung gesetzt, während das andere Ende festgehalten wird. Nun läuft ein Wellenberg an den Beobachtern vorbei in Richtung des starr festgehaltenen Endes. Die Rollen werden gewechselt; jeder darf mal die Welle auslösen!

Wichtig ist ein kurzer Schwung aus dem Handgelenk.

## FLOSSWETTRENNEN

Kinder lieben Wettrennen! Also bietet sich an geeigneten Stellen ein Floßwettrennen an. Wie lange braucht mein Floß, um zur nächsten Brücke oder bis zum nächsten Uferbau zu gelangen? Verwendet werden können neben selbstgebauten Kinderflößen auch einfach Blätter oder Zweige. Hängt das Herzblut an den mühsam gebauten Wasserfahrzeugen, sollte sichergestellt werden, dass sie aus den »reißenden« Fluten wieder geborgen werden können.

Ein kleiner Stups – und das Rennen kann losgehen.

# WIESE

Kaum ein Lebensraum wirkt auf Kinder so anziehend wie eine Wiese. Quasi auf Augenhöhe und hautnah können sie hier Pflanzen und Tiere erleben. Zu entdecken und zu betrachten gibt es genug: Blumen und Gräser, Falter, Käfer und andere Insekten.

# WIESEN-WELTEN

**Eine Wiese ist ein vielschichtiger Lebensraum im wahrsten Sinne des Wortes. Wie in einem Wald mit seinen verschiedenen Etagen tummeln sich auch hier – allerdings im Miniaturformat – die unterschiedlichsten Bewohner auf den einzelnen Stockwerken.**

## EINE GANZ EIGENE WELT MIT VIELEN LEBENSRÄUMEN

Die für uns auffälligste, weil sofort sichtbare Ebene ist die Welt der Blumen und Gräser. Hier finden sich vor allem Blütenbesucher, wie Schmetterlinge, Bienen, Hummeln, Fliegen und Heuschrecken, außerdem aber auch samenfressende Vögel wie Grünfink, Distelfink und Goldammer. Räuber, die es auf in dieser Etage lebende Insekten abgesehen haben, sind ebenfalls vertreten: Raubfliegen, Libellen, Spinnen und insektenvertilgende Vögel wie Weißstorch und Neuntöter. Die Tiere in der Ebene darunter, in der Krautschicht, führen ein eher verborgenes Leben, sind sie doch die begehrte Beute zahlreicher Jäger. Schnecken, Schmetterlingsraupen, Blattwespenlarven, Heuschrecken, Blatt- und Rüsselkäfer leben hier ebenso wie Blattläuse. Verfolgt werden sie von Marienkäfern und deren Larven, Schwebfliegenlarven und Schlupfwespen. Die auf dem Boden

Der »Klassiker« beim Spaziergang über eine Wiese ist natürlich der Blumenstrauß.

Die am Ende wie Schlangenzungen gespaltenen Blütenstempel gaben dem Natternkopf den Namen.

liegende Streuschicht als dritte Etage ist das Reich der Zersetzer, die abgestorbene Tier- und Pflanzenteile wieder in Humus umwandeln. In diesem Bereich leben Asseln, Springschwänze und Milben, denen Laufkäfer und Ameisen nachstellen. Auch Frösche, Kröten und Blindschleichen gehen hier auf Beutefang. Die Erde selbst schließlich ist das unterirdische Revier von Regenwurm, Käferlarve, Grille, Maulwurf und Feldmaus.

**SO ENTSTEHEN WIESEN**
Wiesen oder Graslandschaften sind ein eigener Lebensraum, in dem – wie beschrieben – ganz besondere Pflanzen und Tiere vorkommen. Schon bevor der Mensch dauerhafte Wiesen anlegte, die als Weide der Nutztiere oder zum Heumachen für den Winter dienten, gab es Graslandschaften. Auf diesen Flächen verhinderte die regelmäßige Weidetätigkeit der Wildtiere im Zusammenspiel mit bestimmten

# Wiese

Klimafaktoren eine Verbuschung und das Aufkommen geschlossener Waldbestände. Ähnlich wie in der afrikanischen Serengeti oder im Westen der USA gab es auch in unseren Breiten Landstriche, die weitgehend baum- und strauchlos und von Graswuchs dominiert waren. Vergleichbar mit wandernden Herden von Gnus, Zebras und Antilopen in Afrika oder großen Büffelherden in den USA übernahmen bei uns in Mitteleuropa hohe Bestände an Rothirschen, Wildpferden und Wisenten die Aufgabe, das Grasland dauerhaft frei von immer höher werdendem Strauch- und Baumbewuchs zu halten.

**JEDE WIESE IST ANDERS**

Wiese ist aber nicht gleich Wiese. Zum einen hängt die Artenvielfalt davon ab, wie intensiv sie von Landwirten bewirtschaftet wird. Für eine große Artenvielfalt ist eine intensive Nutzung bei gleichzeitigem massivem Einbringen von zusätzlichem Dünger, besonders Stickstoff, nicht günstig. Diese sogenannten Fettwiesen erfreuen uns zwar mit einem gelben Blütenmeer aus Löwenzahn; andere Pflanzenarten sucht man hier aber oftmals vergebens – sie werden ganz einfach verdrängt. Anders sieht es auf Wiesen aus, die nur einmal im Jahr gemäht werden. Hier findet sich das gesamte Füllhorn unserer Natur. Selten gewordene Bodenbrüter wie Kiebitz, Feldlerche und Wachtelkönig, deren Gelege sonst durch die Mähwerke und die Reifen der Traktoren zerstört werden, haben bei später Mahd auf ihnen eine Chance. Auch zahlreiche Insektenarten finden dort ihren Lebensraum. So gaukeln beispielsweise bunte Schmetterlinge in großer Menge und Artenvielfalt erst dann über eine Wiese, wenn dort viele verschiedene Pflanzenarten wachsen, denn die Tiere benötigen für Fortpflanzung und Eiablage ein ganz bestimmtes Artenspektrum. Verschwindet diese Vielfalt durch die beschriebenen Intensivierungsmaßnahmen oder Verbuschung, verschwinden auch die Falter. Wärme liebende Reptilien benötigen Freiflächen, damit sie in der Sonne Energie »tanken« können. In den verschiedenen Sonderformen der Wiese wie Trocken- oder Magerrasen finden auch solche Spezialisten Nahrung, Nistplatz und Unterschlupf.

Wiese

Wiese

# TYPISCHE TIERE & PFLANZEN DER WIESE

**Man muss sich nur an einem Sommertag in eine Wiese legen, um die ganze krabbelnde, fliegende, kriechende oder einfach still dasitzende Welt zu entdecken.**

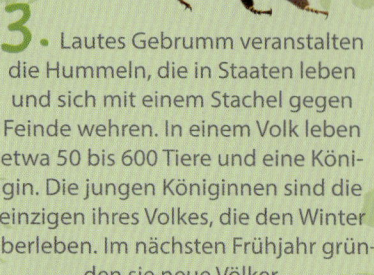

**3.** Lautes Gebrumm veranstalten die Hummeln, die in Staaten leben und sich mit einem Stachel gegen Feinde wehren. In einem Volk leben etwa 50 bis 600 Tiere und eine Königin. Die jungen Königinnen sind die einzigen ihres Volkes, die den Winter überleben. Im nächsten Frühjahr gründen sie neue Völker.

**2.** In einer sommerlichen Wiese hüpft und springt und zirpt es aufs Vielfältigste. Verursacher sind häufig Grashüpfer, eine artenreiche Unterfamilie der Feldheuschrecken. Ihre Gesänge erzeugen sie durch Reiben ihrer Hinterbeine an den Vorderflügeln.

**1.** Von Ende Januar bis Ende Juli kann man von morgens bis abends auf Wiesen und Feldern einen wunderbaren Gesang vernehmen. Trillernd und tirilierend schrauben sich die Männchen der Feldlerche, kenntlich an einer aufstellbaren Haube, in die Luft. Die Weibchen antworten leise vom Boden aus.

**4.** Für zahlreiche Insekten liefert die goldgelbe Pracht Pollen und Nektar. Ist der Löwenzahn verblüht, sieht man im »Pusteblumen«-Stadium seine mit Fallschirmchen versehenen Samen durch die Luft segeln.

**5.** In Hecken am Wiesenrand wächst der Schwarze Holunder, auch Holler oder Hollerbusch, gerne. Schon früh schätzte man seine Blüten und Früchte als Erkältungstee oder als Leckerei. Auch Tiere lieben seine Beeren. Gut zu erkennen ist er an seinem charakteristischen Geruch.

**6.** Die länglich spitzen Blätter vom Spitzwegerich wachsen in einer Rosette. Zwischen Mai und September erscheinen an einem langen Stiel kleine, unscheinbare Blüten.

Wiese

Wiese

# FARBSTOFFE HERSTELLEN

Vor der Entwicklung synthetischer Farbstoffe wurden von den Menschen für ihren alltäglichen Bedarf insbesondere pflanzliche Farbstoffe benutzt. Einige Naturfarben können wir ohne größeren Aufwand auch heute noch verwenden. So eignet sich der Saft der Holunderbeeren hervorragend, um die Maserung von entrindeten, trockenen Ästen oder die von einem Borkenkäfer gefressenen Gänge auf einem Holzstück hervorzuheben.

**MATERIAL UND WERKZEUG:**
1. Kunststoffhandschuhe
2. Gartenschere, kleine Säge
3. ggf. kleiner Mörser
4. Pinsel

1. Suchen Sie mit den Kindern Blüten oder Früchte, die Farbstoffe enthalten. Dazu eignen sich beispielsweise Holunder- und Waldheidelbeeren, Ringelblumen- und Klatschmohnblüten.

2. Der im Saft enthaltene Farbstoff lässt sich in einem kleinen Mörser besonders gut auspressen. Es ist sinnvoll, dabei alte und abgetragene Kleidung zu tragen, die Flecken gehen manchmal schwer wieder heraus.

3. Nun macht man sich auf die Suche nach abgestorbenen trockenen Ästen, deren Maserung stark hervortritt. Besonders gut eignen sich Äste, bei denen der Borkenkäfer am Werk war und dessen Gänge gut sichtbar sind, wenn man die Rinde entfernt. Auf diese Äste trägt man nun den ausgepressten Saft mit dem Pinsel oder einem kleinen Stöckchen auf.

## KLEINER KÄFER – GROSSER SCHADEN

Borkenkäfer sind trotz ihrer geringen Größe gefürchtete Tiere: Befallen sie geschwächte Bäume, können im Handumdrehen ganze Waldstücke – besonders Monokulturen – absterben. Seine unter der Rinde angelegten Gänge, die an kryptische Schriftzeichen erinnern, gaben einem von ihnen, dem Buchdrucker, seinen Namen.

4. Nachdem die Farbe getrocknet ist, glättet man den Ast mit Schmirgelpapier. Dadurch wird die neben die Maserungen oder Käfergänge gelangte Farbe entfernt, die Zeichnung tritt deutlicher hervor. Das sich abzeichnende Muster erinnert je nach Käferart an indische oder arabische Schriftzeichen. Alternativ kann man die Holzmaserungen auch mit einem weichen Buntstift hervorheben.

Wiese

# HOLUNDERPFEIFE

Fast jeder kennt selbst gebaute Pfeifen aus der eigenen Kindheit. Zumeist handelte es sich dabei um Weidenpfeifen oder -flöten, die schöne Töne hervorbringen, aber von Kindern kaum selbst zu bauen sind. Hier eine Anleitung, die etwas simpler, aber auch leichter auszuführen ist. Diese Holunderpfeife gibt zwar nur einen Ton von sich, kann aber mit etwas Hilfe auch von kleineren Kindern selbstständig gebaut werden.

**MATERIAL UND WERKZEUG:**
1. Gartenschere, Säge
2. lange Holzschraube mit abgestumpfter Spitze

Wiese

**1.** Zwei- bis dreijährige Holunderzweige mit 1 bis 2 cm Durchmesser abschneiden. Ein etwa 10 cm langes Stück mit einer scharfen Gartenschere zwischen zwei Astabschnitten (Nodien) abschneiden. Das Mark mit einer abgestumpften Schraube herausholen, bis eine Röhre aus Holunderholz entstanden ist. Das Mark möglichst vollständig herauskratzen, damit die Innenfläche ganz glatt ist. Die Rinde mit Fingernägeln abziehen oder mit dem Schraubengewinde durch Raspeln entfernen.

**2.** Eine Öffnung der Holunderröhre mit dem Daumen so zuhalten, dass keine Luft entweichen kann. Das andere Ende schräg von unten an die Lippen führen und Luft darüberstreichen lassen – ähnlich wie bei einer Limoflasche, über deren Flaschenhals man Luft pustet, um sie zum Tönen zu bringen.

**TIPP:** Man kann die untere Öffnung der Holunderröhre mit einem Stopfen z. B. aus Haselnussholz luftdicht verschließen. Hierzu einen Ast in der Stärke unserer Holunderpfeife am Ende gleichmäßig leicht anschrägen. Wenn er in das Loch passt, vorsichtig hineinstopfen und mit der Gartenschere abschneiden. Aus mehreren solcher »verstopften« Pfeifen kann man auch eine Panflöte bauen.

Wiese

# NACHTSCHWÄRMER UNTERWEGS

Wenn es Nacht wird, gehen die Tiere des Tages schlafen und die »Gesellen der Finsternis« betreten die Bühne. Neben Kauz und Fledermaus sind zahlreiche Insekten nachtaktiv. Sonst fände die Fledermaus auch schwerlich etwas zum Fressen! Die häufig als »Motten« diskriminierten Nachtfalter haben oft eine ganz eigene Schönheit. Im Schein einer Lampe kann man zahlreiche von ihnen beobachten.

**MATERIAL UND WERKZEUG:**
1. möglichst helle Taschenlampe
2. weißes Bettlaken
3. durchsichtige Plastikbecher oder große Becherlupen oder Marmeladengläser

**1.** Sobald es dämmert, breitet man mit den Kindern an einer möglichst ebenen und gut zugänglichen Stelle im Garten oder auch auf einer Wiese ein weißes Bettlaken aus. In die Mitte kommt die Lampe unter das Tuch. Und schon kann es losgehen!

**2.** Die auf dem Bettlaken gelandeten Tiere werden vorsichtig in durchsichtige Plastikbecher, große Marmeladengläser oder große Becherlupen befördert. Damit die zarten Glieder nicht beschädigt werden, kann man beispielsweise einen Pinsel verwenden.

**3.** Jetzt kann man die Nachtschwärmer genau studieren. Mithilfe von Bestimmungsbüchern oder -tafeln lässt sich sicherlich der Name so manches nächtlichen Gastes herausfinden.

**4.** Denken Sie daran, die Tiere nicht zu lange in den Gläsern festzuhalten, sondern sie baldmöglichst wieder in die Freiheit zu entlassen! Da es im Sommer oft erst zwischen 22:00 und 23:00 Uhr richtig dunkel wird, kann es schon vorkommen, dass man sich auf der Jagd nach den »Nachtschwärmern« die halbe Nacht um die Ohren schlägt.

Wiese

**VARIANTE:** Echte Schmetterlingskundler verwenden zum Lichtfang meist Leuchtstoffröhren, die einen hohen Anteil an blauem und ultraviolettem Licht (UV-Licht) aufweisen. Dieses können die Nachtfalter im Gegensatz zu eher gelblichem Licht sehr gut wahrnehmen. Wer einmal versuchen möchte, Nachtfalter mit UV-Licht anzulocken, muss dazu keine spezielle Lampe anschaffen, sondern kann einfach einen Gesichtsbräuner oder eine »Höhensonne« verwenden! Aber Vorsicht – auf keinen Fall selbst länger ins UV-Licht schauen, da dieses die Netzhaut des Auges schädigt.

Welcher Nachtschwärmer mag wohl dieses Mal in die Lichtfalle gegangen sein?

Wiese

# TIERFÄHRTEN LEGEN

Tierspuren erzählen uns viel über diejenigen, die wir Menschen selten oder gar nicht zu Gesicht bekommen. So berichten viele Forscher, die Luchs oder Wolf erkunden, dass sie die scheuen Tiere außer in Fotofallen jahrelang nicht direkt zu Gesicht bekommen haben. Wer Tierspuren oder gar eine ganze Fährte zu deuten weiß, der kann interessante Geschichten daraus lesen. Solche Geschichten kann man auch selbst in den frisch gefallenen Schnee »schreiben«.

## TIERSPUREN ERKENNEN

Die Füße der Tiere hinterlassen ganz charakteristische Abdrücke im weichen Boden.

1. Hoppelnderweise bewegt sich das Kaninchen auf rundlichen Pfoten fort.

2. Eine Rehspur erkennt man an zwei nebeneinander verlaufenden Abdrücken der Hufe, den sogenannten Schalen.

3. Die Schwimmhäute der Stockente sind auch in ihrem Trittbild sichtbar.

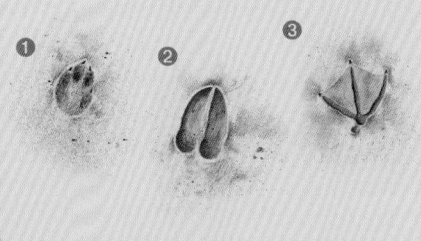

1. Jeder »Tiergeschichtenautor« bekommt ein bestimmtes Areal abgesteckt, in dem er seine »Geschichte schreiben« kann.

2. Die verschiedenen Tierspuren und Fährten werden anhand von Bildern vorgestellt. Man kann aber auch Fantasiespuren oder Fährten längst ausgestorbener Arten wie Dinosaurier selbst erfinden.

3. Jeder zeichnet mit Fingern oder mit einem kleinen Stock (etwa für Vogelspuren) mindestens zwei Fährten von Tieren in den Schnee. In der Art, wie die beiden angeordnet sind, soll eine kleine Geschichte erzählt werden. Die Tiere können sich beispielsweise freundschaftlich treffen, eines kann das andere überfallen oder jagen.

Wiese

Schmetterling oder Engel – wer hat wohl diese Fährte in den Schnee »geschrieben«?

**4.** Nun werden die einzelnen Meisterwerke nacheinander begutachtet. Zunächst deuten die anderen das Werk und versuchen, eine Geschichte daraus zu lesen. Abschließend bekommt der Autor die Gelegenheit, die wahre Geschichte zu erzählen. Ist der Fuchs dem Hasen tatsächlich begegnet oder kam er erst nach diesem vorbei und ärgerte sich nur über das verpasste »Mittagessen«?

Wiese

# GRUPPENSPIELE AUF DER WIESE

Eine Wiese lädt Kinder zum Herumtoben regelrecht ein. Deshalb sollten sie ihren Bewegungsdrang erst ausleben können, ehe man sich Spielen, die Konzentration oder Aufmerksamkeit erfordern, zuwendet. Nach dem Spiel zwischen Blumen und Gräsern bitte abends nach Zecken absuchen!

## FANGEN

Der Klassiker unter den Kinderspielen findet auf einer vorher festgelegten Fläche statt, die keiner der Mitspieler verlassen darf. Bei diesem Bewegungsspiel versucht ein Jäger, möglichst viele Mitspieler zu fangen, ehe diese den Freischlag erreicht haben. Dazu muss er die Mitspieler berühren und »Gefangen!« rufen. Die Gejagten sind »gerettet«, wenn sie vor der Berührung durch den Jäger den »Freischlag« in Form eines Baumstamms usw. erreichen können.

Richtig Austoben kann man sich beim Fangen-Spiel.

## HÖR MAL, WER DA ZIRPT

Wie sich Tiere untereinander verständigen bzw. sich in einer großen Gruppe wiederfinden, kann man mit diesem Spiel ausprobieren. Die Kinder bilden zunächst Paare, bestehend aus »Signalgeber« und »Sucher«, die sich untereinander auf ein gemeinsames Geräusch (Grillenzirpen, Vogelpfiff) einigen. Dann werden zwei Gruppen gebildet, eine mit allen »Signalgebern«, eine mit allen »Suchern«. Die »Signalgeber« stellen sich in einem großen Kreis auf, in dessen Mitte die »Sucher« mit geschlossenen Augen stehen. Nun beginnen die »Signalgeber« damit, ihre Geräusche zu machen, die »Sucher« tun ihr Bestes, um ihren Partner im Kreis zu finden. Haben alle ihren Partner gefunden, werden die Rollen getauscht. Die zweite Runde kann beginnen!

## WETTLAUF DER TIERE

Bei diesem Spiel geht es darum, sich in die typischen Fortbewegungsarten verschiedener Tiere hineinzuversetzen. Alle beginnen damit, beispielsweise einmal das Hüpfen eines Froschs zu üben. Dann geht es los: Die Kinder versammeln sich an einer festgelegten Startlinie, das zuvor bestimmte Ziel in Sichtweite. Auf ein Signal hin hüpfen, hoppeln, schleichen oder krabbeln – je nachdem, auf welche Fortbewegungsart man sich geeinigt hat – alle los. Wer zuerst am Ziel ist, darf das nächste Tier und seine spezielle Fortbewegungsweise bestimmen.

Wer kommt mit Froschhüpfern am schnellsten ins Ziel?

Achtung: Fledermaus im »Anflug«!

## 3D-JAGD DER FLEDERMAUS

Wie sich Fledermäuse und andere Tiere mit ihrem Gehör räumlich orientieren, lässt sich in einem interessanten Spiel leicht nachvollziehen. Hierzu steckt man ein »Jagdgebiet« von ca. 10 x 10 Metern ab. Nun wird ein Mitspieler als »Fledermaus« bestimmt und ins »Jagdgebiet« gestellt. Die »Fledermaus« schließt die Augen, die übrigen Mitspieler betreten als »Insekten« das Jagdgebiet. Die »Fledermaus« orientiert sich, indem sie in die Hände klatscht (Ultraschallortung) und auf das Antwortklatschen der »Insekten« (Echo) wartet. Die »Fledermaus« kann sich nun in Richtung »Insekten« bewegen und versuchen, diese zu orten und zu fangen. Die »Fledermaus« klatscht immer wieder und die »Insekten« müssen durch eigenes Klatschen antworten, wobei sie sich natürlich auch bewegen dürfen. Das Spiel ist vorbei, wenn entweder ein oder alle »Insekten« gefangen wurden. Die Rollen werden neu verteilt, das Spiel kann von vorn beginnen!

# GARTEN

Tür auf und raus in den Garten, in den Hinterhof oder den nahe gelegenen Park, denn hier fängt die Natur an! Natürlich muss dieser Bereich auch ansprechend gestaltet sein, damit es für Kinder etwas zu entdecken und zu beobachten gibt und geeignetes Baumaterial zur Verfügung steht. Oft reicht schon ein kleiner Denkanstoß, damit die Ideen sprudeln!

Garten

# IM GARTEN

**Säen und ernten, in Bäumen wohnen, Insekten und Vögel beobachten, auf einer Schaukel in den Himmel träumen – es gibt vieles, was Kinder im eigenen Garten oder nahen Park unternehmen können, wenn man ihnen ein paar Tipps und Anregungen mit auf den Weg gibt.**

## EIN STÜCKCHEN NATUR GLEICH VOR DER EIGENEN HAUSTÜR

Der Garten ist die einfachste Möglichkeit, mit der Natur in Kontakt zu kommen – schließlich liegt er in den meisten Fällen direkt vor der Haustür. Hier können junge Naturforscher nach Herzenslust in die »zivilisierte« Wildnis eintauchen und eigene Erfahrungen machen. Überlässt man zumindest einen kleinen Teil des Gartens sich selbst, so entwickelt sich meist in kurzer Zeit – wenigstens ansatzweise – ein Minidschungel, der kleine Entdecker magisch anzieht. Die heimische Tierwelt wird auf das Stückchen Wildnis dankbar reagieren, denn Insekten und Vögel finden in diesen naturnahen Ecken zahlreiche Nist- und Versteckmöglichkeiten sowie abwechslungsreiches Futter.

### SPIELZIMMER IM FREIEN

Der Hit für Kinder ist ein Gartenbereich, der ganz nach ihren Bedürfnissen angelegt wird und bei

Manche Wunder der Natur erfordern ein intensives und genaues Hinsehen und Betrachten.

# Garten

Ein »Schneesturm« im Sommer – mit ausreichend vielen »Pusteblumen« ist das gar kein Problem.

dessen Gestaltung sie auch selbst mitreden und -arbeiten können. Achten Sie bei kleineren Kindern darauf, dass die verwendeten Pflanzen möglichst kindertauglich und -freundlich sowie robust sind. Giftige Pflanzen können Sie wahrscheinlich nicht ganz ausschließen, ist doch eine nicht geringe Anzahl beliebter und häufig vorkommender Gewächse mehr oder weniger giftig. Gerade bei Kleinkindern in Ihrer Familie lassen Sie die betroffenen Pflanzen in nicht so leicht zugänglichen Bereichen wachsen. Ältere Kinder können Sie durchaus unter kundiger Anleitung mit den Risiken der Botanik vertraut machen: Nur wer eine Gefahr gut kennt, kann sich auch nachhaltig vor ihr in Acht nehmen.

Andererseits gibt es auch genügend Pflanzen, die ungefährlich und für Kinder von Interesse sind, allen voran Obstgehölze, die möglichst leicht erreichbare und süße Früchte liefern.

Pflanzen Sie also niedrig wachsende Obstbäume und Sträucher mit wenig Stacheln, von denen die Kinder naschen können. Auch Erdbeeren, die Früchte des Erdbeerspinats, süße Cocktailtomaten, milde Radieschen oder verschiedene Kräuter, die man anfassen, an denen man schnuppern und von denen man sogar direkt ein Blättchen probieren kann, eignen sich. Minze und Melisse sind ebenfalls ideale Kinderpflanzen. Außerdem lieben Kinder es, sich zu verstecken und einen persönlichen Rückzugsraum zu haben. Diesen Wunsch kann man mit Höhlen in frei wachsenden Hecken oder auch mit einem Spielhaus – beispielsweise in den luftigen Höhen eines Baumes – erfüllen. Damit das Gebäude hält und auch die Statik stimmt, wird es am besten von einem Erwachsenen gebaut. Einrichtung und individuelle Ausstattung sollte dann aber vollkommen den Kindern überlassen werden. Seien Sie nachsichtig, wenn das Bauwerk nicht hundertprozentig in das gestalterische Konzept des Gartens passt – die Mitarbeit bei diesem Projekt ist für die Kinder ein tolles Erlebnis und schult zusätzlich noch ihre handwerklichen Fähigkeiten. Originelle Spielmöglichkeiten bietet auch ein »grünes« Gebäude wie ein Weiden-Tipi, dessen Anlage Kindern und Erwachsenen Spaß macht.

**VOM WERDEN UND WACHSEN**

Besonders gut lassen sich im Garten das Wachstum und die Entwicklung von Pflanzen beobachten. Dazu können die Kinder immer wieder zu verschiedenen Tageszeiten selbstständig kleine Stippvisiten in den Garten unternehmen: Um das abendliche Öffnen der Nachtkerzenblüten zu beobachten oder das Wachstum der selbst gesäten Radieschen und die Blütenentwicklung eines Apfelbaums mitzuerleben.

Ideal ist auch ein eigenes kleines Beet, wo verschiedene Samen ausgesät werden und dann ihr Wachstum verfolgt werden kann – Ernte möglichst inbegriffen! »Schnellstarter« wie Radieschen und Kresse sind dazu geeignet, aber auch »Giganten« wie Sonnenblumen und Kürbis, deren Verwandlung vom kleinen Samenkorn zum Pflanzenriesen Kinder immer wieder in ihren Bann zieht. Doch wer Pflanzen und Tieren bewusst begegnen will, ist nicht einmal unbedingt auf einen eigenen Garten angewiesen. Auch in unserem näheren dörflichen oder städtischen Wohnumfeld können wir der Natur begegnen: Verwilderte Hecken oder Sträucher auf Spielplätzen, entlegene Winkel im Park oder auch die Brachfläche einer schon längere Zeit offenen Baulücke bieten einer Vielzahl von Pflanzen und Tieren Unterschlupf und Nahrung. Und die junge Birke, die im Hinterhof wächst, oder die Gänseblümchen, die bei Regenwetter zuverlässig ihre Blüten schließen, bieten sich als interessanter Forschungsgegenstand an. Oftmals führt auch der tägliche Weg zum Kindergarten, zum Hort, zur Schule oder zur Bäckerei an solch »verborgenen«, etwas abseits gelegenen Orten vorbei. Nichts spricht dagegen, diese gemeinsam zu erkunden und in ihre ganz eigene Welt einzutauchen. Über einige Jahre hinweg kann man verfolgen, wie die Pflanzen wachsen und sich entwickeln, welche neuen Arten sich im Laufe der Zeit einstellen.

Garten

Garten

# TYPISCHE TIERE & PFLANZEN IM GARTEN

**Gärten, ja sogar Balkone und Terrassen können wertvolle Rückzugsräume für viele Tiere und Pflanzen sein. Sind diese Räume naturnah gestaltet, gibt es nicht nur für Kinder viel zu entdecken.**

**1.** Vor allem durch seine Abwehrhaltung Marke »Stachelkugel« ist der Igel bekannt. Er liebt abwechslungsreiche Gärten mit Sträuchern und Beeten. Seinen Winterschlaf hält er in Reisig- und Laubhaufen.

**2.** Die Honigbiene ist ein kleines, stachelbewehrtes Insekt, das Pollen und Nektar sammelt. Die meisten Kinder lieben ihr »süßes Produkt«, den Honig. Die Biene ist von unschätzbarem Wert, denn ohne sie gäbe es kaum Blütenbestäubung und in der Folge keine Fruchtbildung.

**3.** Insbesondere, wenn Sie einen Teich haben, stellt sich dort als Gast oft eine der heimischen Krötenarten, wie z. B. die Erdkröte, ein. Schnecken gehören zu ihrem bevorzugten Futter, deshalb lieben sie die Gärtner.

**4.** Ein Apfelbaum gehörte früher in jeden Garten. Klein wachsende oder schlanke Sorten machen heute sogar den Anbau im Kübel möglich.

**5.** Nahezu in jeder Wiese, in jedem Rasen wachsen Gänseblümchen und blühen unermüdlich vom Frühjahr bis zum späten Herbst.

**6.** Brennnesseln, die vor allem an nährstoffreichen Standorten wachsen, sind nicht gerade beliebt. Doch für zahlreiche Schmetterlingsarten liefern sie unverzichtbare Nahrung.

Garten

# INSEKTENHOTEL

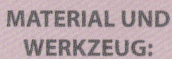

Im Frühling summt und brummt es auf Wiesen, in Gärten und Wäldern. Doch in den Flächen mit großen Monokulturen ohne Hecken und Brachen haben die Insekten-Musikanten es oft schwer, Nahrung und Wohnraum zu finden. Abgestorbene Äste und Baumstämme, besonnte Böschungen oder lockere Böden ohne Bewuchs sind nur noch selten zu finden. Unterstützen kann man die kleinen Krabbler mit einem Insektenhotel.

**MATERIAL UND WERKZEUG:**
1. Gartenschere
2. lange Schraube zum Aushöhlen
3. Holunderäste
4. Schilfrohr
5. ggf. fertiger Holzrahmen

**1.** Als Erstes schneidet man Holunderäste unterschiedlicher Stärke auf 10–15 cm Länge zurecht. Das Mark entfernt man mit einer langen Schraube, sodass Röhren entstehen. Ähnliches Material mit hohlen Stängeln wie Stroh wird ebenfalls auf 10–15 cm Länge eingekürzt. Die Materialien mit Draht oder starkem Gummiband bündeln und eventuell in einen vorgefertigten Holzrahmen stecken.

**2.** Die Schraubenspitzen sollte man vor Gebrauch durch Kinderhände mit Feile oder Schleifstein abstumpfen, um Verletzungen zu vermeiden.

Garten

## WILDBIENEN
Weltweit gibt es etwa 60.000 Wildbienenarten, in Deutschland immerhin noch über 600. Im Gegensatz zu den Honigbienen, die Völker von etwa 30.000 bis 60.000 Tieren bilden, leben die meisten Wildbienenarten solitär, das bedeutet einzeln. Anstatt ihre Brut gemeinsam in einem Bienenstock aufzuziehen, suchen sie für jedes ihrer Eier eine geeignete Brutröhre und legen es dort mit einem Nahrungsvorrat für die schlüpfende Larve ab.

**VARIANTE:** Als Insektenhotel eignet sich auch ein Holzscheit oder ein Stück Kantholz, das mit unterschiedlich großen Bohrlöchern versehen wird. Dabei können die Kinder spielerisch den Umgang mit Bohrmaschinen lernen.

Garten

# SCHNUPPERTOUR

Unterschiedlichste Gerüche erfüllen den Garten. Von lieblich süßem Blumenduft bis zu aromatisch herben Kräutern reicht das Repertoire. Wie viele verschiedene Gerüche können in einem bestimmten Areal wahrgenommen werden? Können bestimmte Pflanzen allein an ihrem Geruch erkannt werden? Gehen Sie mit den Kindern auf Schnuppertour!

**1.** Als Erstes versucht man, sich die Gerüche der einzelnen Pflanzen einzuprägen und diese bewusst mit dem Aussehen der Kräuter und Blumen zu verknüpfen. Besonders markant riechen Pfefferminze, Zitronenmelisse, Salbei, Fenchel, Lavendel, Flieder(blüten), Holunder(blüten). Interessant ist auch, was riecht: Sind es Blüten, Früchte, Triebe oder Blätter?

**2.** Nun können sich die Kinder gegenseitig auf einem Duftparcours durch den Garten führen. Mit geschlossenen Augen riecht man an den Pflanzen, die einem ein Mitspieler unter die Nase hält, und versucht zu erraten, um welche Pflanze es sich handelt. Die Pflanzen dürfen auch befühlt werden.

Garten

**3.** Man kann das Pflanzenmaterial auch abzupfen, trocknen und in kleinen Döschen aufbewahren. So können die Kinder auch später immer wieder ausprobieren, ob sie »den richtigen Riecher« haben.

### TIPP: DUFTPARCOURS
Markieren Sie verschiedene Duftpflanzen, indem Sie direkt daneben eine Haselrute in die Erde stecken. Diese werden dann mit einer Schnur verbunden. Die Mitspieler tasten sich mit geschlossenen oder verbundenen Augen an der Strecke entlang. An jedem Stecken versucht man, die markierte Pflanze zu erschnuppern. Haben alle den Parcours durchlaufen, macht man sich gemeinsam an die Auflösung. Auch als Merkspiel empfehlenswert – bis zu fünf Düfte sollte sich jeder merken können!

Garten

# DAS LEBEN IM GARTENTEICH

Ein Teich ist ein magischer Anziehungspunkt im Garten. Die Wasseroberfläche spiegelt den Himmel und die Wolken wider, darunter verbirgt sich eine geheimnisvolle, lebendige Unterwasserwelt, in der es vieles zu entdecken gibt.

## UNTERWASSERLUPE
Mit einer Dosenlupe, die zwei Öffnungen hat, kann man die Unterwasserwelt gefahrlos erkunden: Dazu werden von einer Blechdose Deckel und Boden so entfernt, dass keine scharfen Kanten stehen bleiben. Über eine Öffnung wird mit einem Gummi eine transparente Folie gespannt. Wenn man das Ende mit der Folie ein Stückchen in das Wasser hineintaucht, sieht man vielleicht Wasserkäfer, Libellenlarven oder eine Wasserspinne.

Bei näherer Betrachtung entpuppt sich selbst ein kleiner Teich als Tummelplatz für eine Vielzahl unterschiedlicher Tiere.

## LEBEN IN DER RANDZONE
Teichpflanzen sind auf verschiedene Wassertiefen spezialisiert, z.B. Sumpfzone (0–20 cm): Sumpf-Schwertlilie (Iris pseudacorus), Sumpfdotterblume (Caltha palustris), Fieberklee (Menyanthes trifoliata)  Flachwasserzone (20–50 cm): Froschlöffel (Alisma plantago-aquatica), Pfeilkraut (Sagittaria sagittifolia), Zwergrohrkolben (Typha minima) Tiefwasserzone (50–100 cm): Gelbe Teichrose (Nuphar lutea), Seerose (Nymphaea spec.), Schwimmendes Laichkraut (Potamogeton natans).

Garten

Eine kleine Regatta ist selbst im Mini-Teich auf der Terrasse möglich. Für richtigen Seegang braucht man aber genug Puste.

## WASSERWELT IM KLEINFORMAT

Ein Mini-Teich auf der Terrasse ist eine gute Lösung für alle, die keinen Platz für einen Teich im Garten haben. Ein ca. 40 cm tiefer, dichter Holzkübel, ein Topf aus glasiertem Ton oder eine Zinkwanne reichen als Behälter aus. Füllen Sie Kies und Steine nur so hoch ein, dass die Wassertiefe noch mindestens 20 cm beträgt. An einer Seite schichtet man Steine bis zum Rand treppenförmig auf, damit sich hineingefallene Kleintiere retten können. Man kann auch verschieden hohe Gefäße zusammen- oder ineinanderstellen. So entsteht in flachen Schalen eine Sumpfzone mit Fieberklee und Tannenwedel und im höheren Bottich bringen Zwergseerosen, Rohrkolben oder Schwanenblume die Vorzüge des Wasserlebens schön zur Geltung.

Garten

# SCHNECKENRENNEN

Bei Matschwetter kommen viele Schnecken aus ihren Verstecken hervor und entfalten Aktivitäten, die man ihnen gar nicht zugetraut hätte. Das wird gleich ausgenützt, um ein Rennen mit ihnen zu veranstalten! Besonders Gehäuseschnecken lassen sich an ihrem Schneckenhaus leicht anfassen, ohne dass man mit dem Schleim in Kontakt kommt und ohne dass man die Tiere schädigt.

1. Suchen Sie gemeinsam die geeignete Rennstrecke für die schleimigen Starter aus. Eben sollte sie sein, Steinchen im Untergrund hemmen die Lauflust. Je feuchter, desto besser und schneller das »Rennen«!

2. In einer festgelegten Entfernung vom Mittelpunkt werden verschiedene Ringe aus Steinen, Grashalmen oder ähnlichen Naturmaterialien in Form einer Zielscheibe auf den Boden gelegt.

3. Jeder wählt sich seine »Rennschnecke« aus. Diese werden, wie richtige und wertvolle Rennpferde, mit Respekt behandelt, vorsichtig zum »Rennplatz« an den Start gebracht und mit verschiedenfarbigen Blättern markiert.

4. Startpunkt ist die Mitte des »Rennplatzes«, wo alle Schnecken abgesetzt werden. Gewonnen hat, wessen Schnecke zuerst den äußersten Ring »überschreitet«. Anfeuern nicht vergessen!

5. Nach Ende des Spiels werden die Tiere wieder vorsichtig an ihren Fundort gebracht!

Garten

Ist der Rennplatz vorbereitet, können Prognosen zum Rennausgang abgegeben werden.

## SCHNECKEN MIT HAUS

Weinbergschnecken sind in Mitteleuropa häufig anzutreffen. Die Tiere erreichen in der Natur ein Alter von bis zu acht Jahren: Hält man sie dauerhaft beispielsweise in einem Terrarium, können sie sogar bis zu 20 Jahre alt werden! Zum Überwintern verkriechen sie sich in der Erde und verschließen ihr Haus mit einem Kalkdeckel.

Garten

# NACHTS AN DER FEUERSTELLE

Wer kann der Faszination eines nächtlichen Lagerfeuers unter funkelndem Sternenzelt schon widerstehen? Wenn das Feuer knistert und knackt und die Funken stieben, rücken alle näher zusammen und wärmen sich im flackernden Licht der Flammen.

Groß und Klein lieben prasselndes Feuer.

**1.** Wählen Sie für die Feuerstelle einen windgeschützten Platz in sicherer Entfernung zum Haus und zum nächsten Baum.

**2.** Heben Sie eine Fläche von ca. einem Meter Durchmesser etwa 20 cm tief aus. Mit Steinen wird die Grube ringsherum eingefasst. Auf der Terrasse oder in einem kleinen Reihenhausgarten kann man auch einen hohen Feuerkorb aus Eisen verwenden.

**3.** Achten Sie auch darauf, nur trockenes Holz zu verwenden, Sie wollen die Nachbarn ja nicht einräuchern.

**4.** Zum Anzünden werden dürres Reisig und Papier in die Mitte geschichtet, darüber türmt man eine Pyramide zuerst mit dünnen, dann mit dicken Holzscheiten.

Garten

**TIPP:** Sicherheit gibt ein großer Behälter mit Wasser oder Sand, der immer griffbereit steht.

**5.** Zündeln macht hungrig, und was zu essen kommt immer gut an! Beim Stockbrotbacken lässt sich beides verbinden. Als Spieße nimmt man grüne, mindestens 1 m lange Zweige. Um deren Spitze wird eine Handvoll gerollter Teig gewickelt. Nun hält man den Stecken ca. 15 Minuten über die Glut und dreht ihn stetig, damit nichts anbrennt.

**6.** Im Anschluss wird geräuchert: Wenn man Zweige von Rosmarin, Lavendel oder Currykraut auf die Glut wirft, steigen durch die enthaltenen Harze feine Räucherdüfte auf. Mit Thymianzweigen kann man sogar Stechmücken vertreiben.

Knuspriges Brot vom Haselstock

**REZEPT STOCKBROTTEIG:**
Man rührt einen Teig aus 500 g Mehl, 1/8 Liter Wasser, 20 g Hefe, 1 TL zerstoßenem Rosmarin und 1 TL Salz und lässt ihn gehen.

Garten

# GRUPPENSPIELE IM GARTEN

Schnell kann es vorkommen, dass sich neben den eigenen Kindern noch Freunde oder Schulkameraden zum Spielen einfinden. Das Kinderzimmer wird da bald zu klein – was gibt es da Schöneres, als gemeinsam im Garten oder im nahen Park herumzutoben.

## FARBEN SUCHEN

Zu Anfang des Spiels versammeln Sie die Kinder im Garten an einem geeigneten Platz und erzählen eine Geschichte. Im Spätsommer oder Herbst kann es die Geschichte von der Maus Frederick sein, die Farben sammelt für den Winter (von Leo Lionni). Danach bekommen die Kinder einzeln oder in Gruppen eine Farbe zugeteilt. Ihre Aufgabe ist es nun, im Garten während einer vorab vereinbarten Zeitspanne nach Gegenständen mit dieser Farbe zu suchen. Dann wird auf einer freien Fläche ein weißes Leintuch ausgebreitet. Die Geschichte von Frederick wird in Auszügen nochmals nacherzählt und an den jeweiligen Stellen breiten die Kinder ihre farbigen Schätze auf dem Leintuch aus.

## VOGELSUCHE

Auf Kartonkärtchen werden Bilder verschiedener Gartenvögel geklebt oder gemalt. Von jeder Vogelart darf es ruhig auch mehrere Exemplare geben. Wichtig ist, den ganzen Kartensatz mit exakter Anzahl zwei Mal (für zwei Gruppen) vorrätig zu haben. Im Garten werden die Kinder in zwei Gruppen aufgeteilt. Jede Gruppe bekommt eine gleich große Anzahl an Vogelkärtchen und dazu genauso viel Holzwäscheklammern (keine bunten Wäscheklammern!). Während die eine Gruppe kurz um die Ecke verschwindet, versteckt die andere ihre Vogelkärtchen in einem zuvor abgesteckten Gebiet, indem sie sie mithilfe der Wäscheklammern an Pflanzen, Sträuchern, Zweigen oder Ähnlichem anklipst. Sind alle Kärtchen versteckt, darf die andere Gruppe das Gebiet betreten und versucht, möglichst viele »Vögel« zu entdecken. Danach tauschen die Gruppen. Sieger ist, wer die meisten Vogelkärtchen gefunden hat.

Erstaunlich, wie viele Farben sich finden lassen.

Garten

## BUNTES HERBSTLAUB

An einem zentralen Platz in einem Garten oder Park mit vielen Laubgehölzen werden Schüsseln für jedes Kind gut erreichbar in einem großen Kreis aufgestellt. Auf ein vorher vereinbartes Signal hin schwärmen alle Kinder aus und versuchen, mit einem Strohhalm am Boden liegende Blätter so »anzusaugen«, dass sie ohne Handeinsatz hochgehoben und zu der abgestellten Schüssel transportiert werden können. Nach einer bestimmten Zeit ertönt das Schluss-Signal, und die Blätter in den Schüsseln werden gezählt. Wer die meisten erwischt hat, ist Sieger. Man kann auch »Sonderpreise« verteilen für die größten oder die kleinsten Blätter, für die bunteste Blattsammlung. Anschließend können für den Sieger Blattkronen geflochten werden. Oder alle Schüsseln werden auf einen großen Blätterhaufen zusammengekippt, in den die Kinder mit Anlauf hineinspringen!

Beim Limbo ist Beweglichkeit – vor allem im Kreuz – gefragt.

## »LIMBO«

Ein langes Seil oder auch ein nicht zu schwerer Ast wird von zwei der größeren Kinder oder auch von zwei Erwachsenen an beiden Enden gehalten. Reihum darf nun jeweils ein Kind – bei Kindergeburtstagen beginnt natürlich das Geburtstagskind! – ansagen, auf welche Weise die »Brücke« von den anderen überwunden werden muss: oben drübersteigen, darunter hindurchkrabbeln, blind, hüpfend, rückwärts, auf einem Bein, zu zweit beim »Schubkarren-Fahren« ... Die beiden »Brückenpfeiler« sollten im Spielverlauf darauf achten, dass die Höhe der Brücke den jeweiligen Schwierigkeitsgraden und auch dem Alter bzw. den Fähigkeiten der Kinder entsprechend »angepasst« wird, sodass sie für keinen unüberwindlich wird.

Die Hände bleiben bei diesem Spiel außen vor!

Register

# TOBEN, BAUEN, BEOBACHTEN ODER EXPERIMENTIEREN?

Je nach »Tagesform« können Sie und Ihre Kinder unter abwechslungsreichen Naturabenteuern auswählen. Egal, ob Sie zur Ruhe kommen oder mal richtig aufdrehen wollen – hier finden Sie bestimmt die richtige Unternehmung!

## SPIELEN UND BEWEGEN

| | |
|---|---|
| Zapfenzielwerfen | S. 24 |
| Waldblindschleiche | S. 32 |
| Farbkreis & Mandala | S. 50 |

## BAUEN UND BASTELN

| | |
|---|---|
| Windspiel & Waldmobile | S. 20 |
| Flussmurmelbahn | S. 44 |
| Kieselsteinbogen | S. 46 |
| Kinderfloß | S. 48 |
| Farbstoffe herstellen | S. 64 |
| Holunderpfeife | S. 66 |
| Insektenhotel | S. 82 |

## WISSEN UND ERKUNDEN

| | |
|---|---|
| Bilder aus dem Blätterwald | S. 22 |
| Rinden fühlen | S. 30 |
| Leben unterm Eis | S. 52 |
| Nachtschwärmer unterwegs | S. 68 |
| Tierfährten legen | S. 70 |
| Schnuppertour | S. 84 |
| Schneckenrennen | S. 88 |
| Nachts an der Feuerstelle | S. 90 |

## EXPERIMENTIEREN UND ERKENNEN

| | |
|---|---|
| Rubbelbilder | S. 26 |
| Heckenpunsch | S. 28 |
| Das Leben im Gartenteich | S. 86 |

# APPETIT AUF MEHR?

ISBN 978-3-8338-5885-7

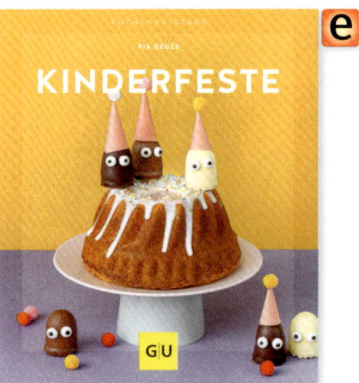

ISBN 978-3-8338-7297-6

ISBN 978-3-8338-6848-1

ISBN 978-3-8338-6125-3

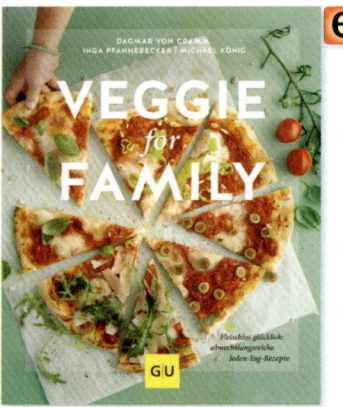

ISBN 978-3-8338-4474-4

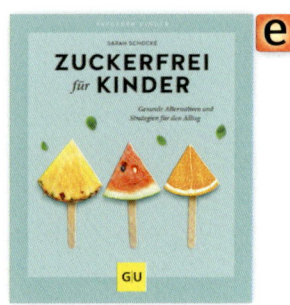

ISBN 978-3-8338-6939-6

e Auch als eBook erhältlich.

Mehr von GU auf **www.gu.de** und  **facebook.com/gu.verlag**

# IMPRESSUM

© 2020 GRÄFE UND UNZER VERLAG GmbH,
**Grillparzerstraße 12**
**81675 München**
Genehmigte Sonderausgabe
Alle Rechte vorbehalten.

Nachdruck, auch auszugsweise, sowie Verbreitung durch Bild, Funk, Fernsehen und Internet, durch fotomechanische Wiedergabe, Tonträger und Datenverarbeitungssysteme jeder Art nur mit schriftlicher Genehmigung des Verlages.

**Satz, Lektorat & Herstellung:**
bookwise GmbH, München

**Bildnachweis:**
Cover: links oben/rechts oben: Gerhard Haselbeck; links unten: Petra Ender; rechts unten: GBA/Wothe.
Cover hinten: links/rechts: Gerhard Haselbeck.
Innen: Bernhard Haselbeck: S. 4, 5, 7, 9, 10, 14-15, 17, 20-23, 25, 27, 28-32, 36-37, 39, 44-53, 56-59, 61, 64-69, 71-72, 76, 77, 79, 81, 82-1, 82-2, 84, 88, 89-1, 92; Plainpicture: S. 12-13; F1online: S. 18-1, 18-3; Getty Images: S. 18-2, 53, 71-2; Fotolia: S. 18-4; Shutterstock: S. 18-5, 34-35, 38, 41, 42-6, 54-55, 62-1, 62-5, 62-4, 65-4, 80; Frank Teigler: S. 18-6, 24-1, 24-2, 26, 62-3, 89-2; Imango: S. 42-1, 62-6, 82-3; Corbis: S. 42-2, 42-3, 42-5, 42-6; Jutta Schneider und Michael Will: S. 86, 90;
Illustrationen: Johann Brandstetter: S. 19, 43, 62, 81
Vektorgrafiken: freepik

**Druck und Bindung:**
Aumüller Druck GmbH & Co. KG in Regensburg